| 大 | 视 | 野 | 阅 | 读 |

世界经典
文学名著

名师导读

名人传

周泽刚 / 主编

内蒙古人民出版社

世界经典文学名著

丛书栏目介绍

名师导航

对本章节内容进行简单地介绍，吸引学生的阅读兴趣，明确阅读中心。

批注点评

对重要和关键的情节进行点评赏析，解决学生在阅读过程中的理解障碍。

名师点拨

每章节结尾配有名师对本章节的鉴赏内容，让学生更透彻地感悟作品内涵。

回味思考

对阅读后的章节内容提出针对性的问题，让"读"与"想"紧密结合。

知识考点

在全书末尾配有与本书内容相关的考题，并给出参考答案，强化学生的记忆。

读后感

在全书结尾部分，配有精彩的读后感，传达他人的阅读感悟。

前言

作者简介

罗曼·罗兰（1866—1944），法国作家、音乐评论家，1866 年 1 月 29 日出生于法国中部高原上的小市镇克拉姆西，15 岁时随父母迁居巴黎。1899 年，他毕业于法国巴黎高等师范学校，取得了中学教师终身职位的资格，其后入罗马法国考古学校当研究生。归国后，他在巴黎高等师范学校和巴黎大学讲授艺术史，并从事文艺创作。

20 世纪初，他的创作进入一个崭新的阶段。罗曼·罗兰为让世人“呼吸英雄的气息”、替具有巨大精神力量的英雄树碑立传，连续写了几部名人传记：《贝多芬传》（1903）、《米开朗琪罗传》（1906）和《托尔斯泰传》（1911）等。同时发表了他的长篇小说杰作《约翰·克利斯朵夫》，1915 年，罗兰被授予诺贝尔文学奖。

两次世界大战之间，罗曼·罗兰的创作又一次达到高峰，连续发表多篇作品。此外，还发表过诗歌、文学评论、日记、回忆录等各种体裁的作品。

内容提要

《名人传》由法国著名作家罗曼·罗兰的《贝多芬传》《米开朗琪罗传》和《列夫·托尔斯泰传》组成。在这三部传记中，罗曼·罗兰没有拘泥于对主人公的生平做琐屑的考述，也没有一般性地追溯他们的创作历程，而是紧紧把握住这三位拥有各自领域的艺术家的共同之处，着力刻画了他们为追求真、善、美而长期忍受苦难的心路历程。

本书的三位主人公都是人类历史上极富天才而创建至伟的人物，他们的人生丰富多彩，他们的作品精深宏博，他们的影响历经世代而不衰。罗曼·罗兰紧紧把握住这三位有着各自领域的艺术家的共同之处，着力刻画他们在忧患困顿的人生征途上历经苦难而不改初衷的心路历程，凸显他们崇高的人格、博爱的情感和广阔的胸襟，从而为我们谱写了一曲“英雄交响曲”。

创作背景

1886年，罗曼·罗兰怀着崇高的社会理想和热情，考取了巴黎高等师范学校，而周围的现实却让他苦闷困惑，于是他给俄国伟大作家列夫·托尔斯泰写信寻求生活的答案。列夫·托尔斯泰很热情地写了一封二三十页长的回信。列夫·托尔斯泰“慈祥”的言行对罗曼·罗兰的一生产生了不可磨灭的影响。20世纪初，在物质利益决定一切，欺凌弱小和暴力成为国际秩序的时代，需要的是高贵的精神，甘愿自我牺牲、以痛苦为人类献祭的榜样。罗曼·罗兰把社会变革与进步的希望寄托在“英雄”人物的身上，他要为他心中理想的精神巨子立传，让人们“呼吸到英雄的气息”，为我们的精神世界创造光彩夺目的太阳。他制订了详细的创作计划，并先后写成《贝多芬传》《米开朗琪罗传》《列夫·托尔斯泰传》等名人传记。

文学特色

《名人传》是一部独具魅力的人物传记，记叙了贝多芬、米开朗琪罗、列夫·托尔斯泰苦难坎坷的一生，同时也赞美了他们顽强拼搏的意志和高尚的品格。

《名人传》创作于20世纪初期，无论在当时还是在后世都产生了广泛的影响。罗曼·罗兰的目的是想通过《名人传》，给那些不幸的幻想破灭的人提供一种鼓舞和勉励的源泉。每一位读者都能强烈地感受到作品中的热情，都会为罗曼·罗兰那极富感召力的语言而怦然心动。

目 录

贝多芬传

米开朗琪罗传

托尔斯泰传

贝多芬传

初版序

名师导航

《名人传》是法国著名作家罗曼·罗兰创作的传记作品，全文以旺盛的激情歌颂了三位历史上的巨人，他们是贝多芬、米开朗琪罗和托尔斯泰，因此这本书又称《巨人三传》。下面让我们先一起走进贝多芬的世界，看看他给人类带来的创举吧！

我愿证明，凡是行为善良与高尚的人，
定能因此而担当患难。

——贝多芬

(1819年2月1日在维也纳市政府语)

我们周围的空气是多么的沉重，整个欧洲都笼罩在混浊的、鄙俗的物质主义的气氛之中，社会在自私自利中窒息至死，人类被压得喘不过气来。打开窗子吧！让自由的空气重新进来，呼吸一下英雄们的气息！(两个感叹句增加了文章的气势，从中感受到了作者对物质生活的鄙夷，他呼唤自由的到来。)

人生是艰苦的。对于那些不甘于平庸的人来说，他们的一生注定要成为悲惨的，没有光华、没有幸福、孤独斗争的一生。贫穷、焦虑、沉重而乏味的劳动，这些都在压迫着他们的身体、消耗着他们的精力。他们是受难者，他们也是抗争者。从他们身上，我们看到了人类精神之花最浓艳的两朵：正义和自由。可是，他们至今还散落在世界的各个角落，相互隔离着，不知道彼此的存在，他们只能孤独地战斗着。为了支援他们，让他们感受到彼此的存在，我集合了一些英雄的人，一些为了善而受苦的伟大的心灵，献给这些同样伟大的苦痛的人们！

我称之为英雄的，并非以思想或强有力而称雄的人，而只是一些心灵伟大的人。（在这里作者给英雄下了一个定义，让读者清晰地明白文中的英雄都是指那些心灵伟大的人。）正如他们中的一位所说：“除了仁慈之外，我不承认还有什么优越的标志。”没有伟大的人格，就没有伟大的人。

这些人都经历了长期的苦难。或是悲惨的命运在肉体和精神上折磨着他们的灵魂，在贫穷和疾病的铁砧上锤炼着他们的意志；或是受着无名羞辱和劫难的同胞们使之心碎，他们固然由于坚毅而伟大，但也正是这些苦难才使其伟大。所以，那些不幸的人们，切莫由于生活的苦难而过于悲叹；你看，人类中最优秀的人正在与你同行。从他们的身上汲取生活的勇气吧！这些神圣的心灵辐射出一种生命的力和爱，无须探询他们的作品或者倾听他们的声音，仅仅从他们的眼睛里，我们就可以看到处于苦难中的生命所焕发出的力量，是那么的伟大、那么的丰满！

在这些英雄的行列中，我把首席的位置给予坚强而纯洁的贝多芬。他曾希望自己的苦难经历能给予别的受难者以力量，“但愿那些不幸的人们，由于看到一个与他们一样不幸的受难者，一个不顾自然的阻碍、竭尽所能成为一个不愧为人的人，而能得以自慰”。这个伟大的人在克服了各种苦难之后，给人们的告诫是：“人啊，应当自强不息！”（引用贝多芬在经受了巨大的痛苦之后而抒发的激励他人的话语，表现出贝多芬心灵的伟大。）

我们对这句意味深长的话应当有所感悟。循着他的话，我们应当重新鼓起对生命、对人类的信心！

罗曼·罗兰

1903 年 1 月

名师课堂

阅读赏析

作者在这一部分主要交代了创作这本书的原因和书中所记

述的对象的特点，其中我们能够看出在他的眼里贝多芬有着十分重要的地位。他所引用的贝多芬的话，证明了贝多芬心灵的伟大和意志的坚强，突出了主人公的特点。

阅读思考

1.在作者的眼里，社会是什么样子的？

2.作者认为人类精神之花最浓艳的两朵是什么？

写作借鉴

笼罩　压迫　浓艳　优越　心碎　探询　告诫　信心

☆ 我们周围的空气是多么的沉重，整个欧洲都笼罩在混浊的、鄙俗的物质主义的气氛之中，社会在自私自利中窒息至死，人类被压得喘不过气来。

☆ 对于那些不甘于平庸的人来说，他们的一生注定要成为悲惨的，没有光华、没有幸福、孤独斗争的一生。

☆ 我称之为英雄的，并非以思想或强有力而称雄的人，而只是一些心灵伟大的人。

贝多芬传

名师导航

在序言部分，我们已经看到了作者对贝多芬精神的崇敬，也知道了他选择把贝多芬放在书中首位的缘由。下面就让我们跟随着作者的视角，一起去看一看在贝多芬身上所发生的故事吧！

全力行善，钟爱自由，切莫欺妄真理——即便为了王座。

——贝多芬

(1892年手册)

路德维希·凡·贝多芬，于1770年12月16日，出生于一间位于科隆附近的波恩的破屋子的楼上，父亲是一个男高音歌手，一个愚蠢而嗜酒如命的人。他的母亲是一个厨子的女儿，曾经嫁给一个男仆，丈夫死后和贝多芬的父亲结了婚。（介绍了贝多芬的家庭背景和出生环境。）

贝多芬的童年是非常艰苦的，他没有享受过像莫扎特那样温暖的家庭。从一开始，人生对他来说就是一次惨烈而残忍的战争。从4岁起，他就被迫一整天一整天地在钢琴前坐着，或是被关在屋里和一架提琴待在一起，差点儿因繁重的工作而累死。少年时代的他就开始为经济问题操心，每天都要为怎样获得面包而做打算，这份重任对他来说来得实在太早了些。11岁时，他成为戏院乐队的一员。当大提琴手那年他刚满13岁。他所热爱的母亲在1789年去世了，她死于肺病。17岁那年他成了家庭的支柱，担负着教育两个兄弟的重任。由于父亲酗酒成性，无法支撑门户，他只得满心羞愧地向父亲提出让他退休的要求——人家担心他父亲过度挥霍，把养老金交给儿子领取。他的心灵因这些令人悲愤的事实而深深受到创伤。（表现了贝多芬在很小的时候就承担起了家庭的重担，因此他的心灵在无数次的创伤之后变得坚强无比。）后来他住在波恩的布罗伊宁一家那里，才寻觅到了一个亲密的依靠。那是小他2岁的可爱的埃莱奥诺雷特·布罗伊宁。他向她教授音乐，引导她踏上诗歌之路，她成为他童年时的伙伴，或许在他们之间有过极为温馨的情意。后来埃莱奥诺雷特和韦格勒医生结了婚，韦格勒也同贝多芬建立了很深的友情，他们之间那种纯真恬美的友情一直维系到最后，那是在韦格勒、埃莱奥诺雷特和贝多芬往来的书信中看出来的。当三人都步入晚年的时候，有着极为动人的情爱，心灵上的年轻决不比当年逊色。

尽管贝多芬有如此悲惨的童年，但他永远保持着对这个时代以及打发这时代的一种柔情而悲凄的回忆。他从波恩离开，去了维也纳，他却从来没有将莱茵河畔的故乡遗忘。他以永远忠诚的心灵对待这片故乡的热土，直到生命走到尽头，他想再见故园一面的愿望总是不能实现。

波及整个欧洲的大革命爆发了，贝多芬的心被攫住了。众多新的思想集中在波恩大学。1789年5月14日，贝多芬进入了这所学校，跟著名的厄洛热·施奈德学习德国文学，——他将是下届莱茵州的检察官。当巴士底狱被攻陷的消息传到波恩的时候，施奈德站在讲坛上，情绪高昂地朗诵了一首诗，激起了学生们如痴如狂的热情。到了第二年，他又发表了一部革命诗集。在预约者的名单中，有贝多芬和布罗伊宁的名字。

当战争于1792年11月波及波恩时，贝多芬离开了故乡，来到奥地利的音乐之都维也纳居住。他在路上碰到黑森军队正向法国进军。这时的他被爱国情绪鼓舞着，在1796年与1797年两年内，他把弗里贝格的有关战争的诗篇谱成乐章：一首是《行军曲》，另一首称为《我们是伟大的德意志》。（交代出贝多芬在1792年到1797年间所经历的大事件，同时引出了他创作的两篇乐章，为后文他突出的创作天赋做铺垫。）但他颂扬大革命的敌人是徒劳的：大革命征服了世界，贝多芬也被征服了。从1798年起，虽然英国和法国之间有着冲突，贝多芬却仍和法国人有密切来往，如使馆刚到维也纳的贝尔纳多德。通过那些谈话，他拥护共和的情绪更加肯定了，这股情绪的迅速发展可以在他往后的生活中看得到。

施泰因豪泽这时期给他画的画像，把他当时的容颜表现得惟妙惟肖。这一幅像与贝多芬以后的肖像相比，与介朗的拿破仑画像之于别的拿破仑像一样，那张严肃的面孔，燃烧着野心勃勃的波拿巴式的火焰。

贝多芬在画上显得非常年轻，他头颈因瘦削的、笔挺的高领而僵直，一副高傲和紧张的神情。仿佛他很年轻，就已经认识到了自己，他对自己很有信心。（从画像中表现贝多芬的性格特点。）

他在1796年于笔记簿上写道："勇敢啊！尽管身体不好，但我的天才最终会获胜……25岁不是已到了吗？就是这一年，应该显现出来整个人。"特·伯恩哈德夫人和葛林克责备他神情傲慢、举止粗俗、态度忧郁，口音极为浓重。可只有几个亲密的朋友知道他藏在这骄傲的笨拙之下的慈悲。他给韦格勒信中描述他的成功时，头一个念头就是："如我看见一个朋友陷入困境，假如我能给他帮助，我坐在书桌前，瞬间就可以解决他的难题……这多美妙。"（表现出贝多芬的慈悲情怀，他并不是一个傲慢无情的人。）他又接着说道："我的音乐应当是为可怜人服务的。"

但是痛楚已敲响了房门，一旦来到他身上就永远不会离开。在1796至1800年间，他饱受着耳聋的折磨，耳朵嗡嗡作响昼夜不停。他的内脏也剧烈地受着痛苦的折磨，听觉日益减退。他一连好几年对别人隐瞒着这件事，连对最亲爱的朋友们也不说。为了使这件事不会被人发现，他不与人见面，独自承担这可怕的秘密。但到了1801年，他无法沉默了，他绝望地对韦格勒医生和阿门达牧师——两个朋友说："阿门达我的亲爱的、善良的、诚挚的朋友……我多希望你能常与我在一起！你的贝多芬实在太可怜了。我的听觉已经大大下降了，我已感觉到不便。当我们同在一起时，我没告诉你，然而此后情况越来越糟……还可能痊愈吗？虽然我希望如此，可这希望是十分渺茫的，这种病治好的可能性是很小的。凄惨的生活我有过，躲避我所有爱的人，尤其是在这个如此可怜、自私的世界上！我不得不找寻栖身之地在悲凄中隐忍！尽管我曾发誓要超脱这种灾难，但这又谈何容易？"（贝多芬通过对自己身体情况的描述，让我们看到了他这些年所承受的痛苦。）他在给韦格勒的信中写道："我过着悲惨的生活。两年来我不得不避开所有交际，因为我不能和人说话，我聋了。如果我不做现在的工作，也许还可以；但对于我这一行，这是多么可怕的遭遇啊！我的敌人们又会怎么说？他们有相当可观的数目！在戏院里，我不得不坐在靠近乐队的地方才能明白演员的说话。我的座位如果稍远一点儿，连乐器和歌曲的高音我都听不见。人家低声说话时，我勉强能听到一些；人家大声喊叫时，我万分痛苦……我时常诅咒我的命运……普卢塔克教我要忍耐。我愿向我的命运发出挑战，只要有可能；但有时我竟成了上帝最可怜的创造物……忍耐是多么令人伤心的避难所！然而这只能是我仅有的选择！”

在当时他的一些作品里，贝多芬表现了这种悲剧性的痛苦，如第十三号的《悲怆交响曲》(1799)，尤其是作品第一号(1798)中的之三奏鸣曲中的Largo(广板)。但令人吃惊的是并不是他所有的作品都是忧郁的，还有很多欢愉的乐曲，如《七重奏》(1800)、清澈的《第一交响曲》(1800)，都反射出一种青年人才有的天真。(使得文章的内容更加真实，更加贴近贝多芬的生活。)毫无疑问，要花费相当长的时间才能让心灵适应愁苦。然而它是那样急需欢乐，它自己来制造欢乐，当它实际不能欢乐时。当“现实”过于残酷时，他就选择在“过去”中生活。短时间是无法磨灭以往美妙的岁月的，当它们不存在的时候，还会持久地闪耀光芒。在维也纳单身一人遭难的时光，贝多芬便在故乡的回忆里躲避起来，那个时期他的思想都带着这种印迹。《七重奏》内以变奏曲(Variation)Andante(行板)的主题，便是一支莱茵的歌曲。《第一交响曲》也是一部赞颂莱茵的作品，是青年人的诗篇对着梦境微笑。它是愉悦的、懒洋洋的，有取悦于人的欲望和希望在其中。(列举贝多芬的作品，证明了他的思想在作品中得到了反映。)但在某些段落里，在引子(Introduction)里，在低音乐器的演奏里，在圣洁的Scherzo(谐谑曲)里，我们怎样兴奋地与未来的天才目光对视在充满着青春的脸上。那是在《圣家庭》波提切利中所描绘的幼婴的眼，他的悲剧性的未来从中可以看见。

有另外一种痛楚，在这些肉体的痛苦之上，韦格勒说贝多芬一直怀有激昂的热情，那些热情仿佛永远纯洁。在热情与欢娱之间，没有一点儿连带关系。现代的人们不能分清这两者的区别，因为他们不知道何为热情，也不知道热情的珍贵。或多或少有些清教徒气息在贝多芬的心灵里，他非常厌恶粗俗的谈吐与思想；对于神圣的爱情，他怀着毫无假借的观念。据说他觉得莫扎特不可原谅，因为写《唐·璜》不惜屈辱自己的天才。他的密友申德勒认为“他一生保持着童贞，从来没有任何不良行为而需要进行忏悔”。这样的一个人是注定要做爱情的牺牲品、并受爱情的欺骗的。他的确像所说的那样，他不停地爱，如痴如醉；他不时地幻想着幸福，却立即幻灭。接着而来的是忍受凄苦的煎熬。贝多芬丰富灵感的来源，应当在这种时而热爱、时而骄傲地抵抗的轮回中去找寻，直到一定的年纪，他的激情才渐渐平静在凄惨的隐忍中。（表现了贝多芬在爱与幻灭中不断往复的状态，他也从激情回归到了平静。）

1801 年，贝多芬为朱丽埃塔·圭恰迪妮而热情。她闻名于世，因被他题赠著名的作品第二十七号之二的《月光奏鸣曲》(1802)。他在给韦格勒的信中写道："我现在生活得很幸福，和别人交往也频繁了起来……这是因为一个可爱的姑娘的魅力而起的变化。她爱我，就像我爱她那样。这是我两年来第一个幸运日。"（从中我们能够看出贝多芬对于爱情的执着，他认为自己身处于爱情中是十分幸福的。）可是他因此付出了昂贵的代价。第一，因他自己的残疾，这段爱情显得极其突出，由于处境困难，他没有办法娶他心爱的人。其次，让贝多芬苦恼万分的是圭恰迪妮风骚，而且稚气、自私。1803 年 11 月，她嫁给了加伦贝格伯爵。这是摧残心灵的刺激，尤其像贝多芬，在心灵已被病魔折磨得非常虚弱的时候，更有被狂野的激情完全摧毁的危险，似乎到了摔倒的地步。他一生中的唯一一次，他亲历了一个绝望痛苦的时期，从他写给兄弟卡尔与约翰的遗嘱中可以看出，这些遗嘱上注了"等我死后拆开"的字样。这呼声痛至极点，也代表了反抗。我们不由自主地产生怜悯，他几乎要结束自己的生命了，只有他顽强的精神在支撑着他，对病情的康复他丧失了最后的希望。"甚至失去了一向支撑我的卓越的勇气。噢，哪怕一天也好，让我享受真正的欢乐吧！我已经好长时间没有听到深幽的欢乐之声了！噢！我的上帝，什么时候，什么时候才能和她再次相遇？难道永远都不可能？——不！这太残酷了！"（表现出贝多芬身处痛苦之中而发出绝望的怒吼，他渴望快乐，但却无法得到。）

这是将近死亡的倾诉。但令人吃惊的是贝多芬又活了 25 年。他坚毅的个性使他绝不会在困难面前轻易倒下。"我的体力和智力发展很快……是的，我的青春，我能感觉得到青春刚刚萌发的活力。我知道我的目标，虽然我不能确定，但每天我都接近它一些。……噢！如果不再受这疾病的困扰，我会拥抱世界！一点儿休息也没有！我不知道除了睡眠以外还有什么是休息。而可怜的我却不得不花费比以前更多的时间来试着睡眠。多么希望我能从病痛中走出来。那时候……不，我再也不能忍受了。我要扼住命运的咽喉。”（表现出贝多芬的坚毅，同时看到了他想要摆脱病魔成为健康人的渴望。）

转换的这些爱情时而颓丧时而骄傲，痛苦、意志以及内心的悲痛，都在贝多芬1802年的大作中表现了出来：附带葬礼进行曲的奏鸣曲(第二十六号作品)，《幻想奏鸣曲》——通常称《月光曲》(第二十七号第二作品)，作品第三十一号第二的奏鸣曲——其中有的犹如一场伟大而凄美的独白的戏剧，献给亚历山大皇帝的《提琴奏鸣曲》(第三十号作品)，第四十七号作品的《克勒策奏鸣曲》，为格勒特的词句谱写的六首壮美惨烈的宗教歌曲(第四十八号作品)。（贝多芬身为一名大音乐家，他的作品往往成为人们关注的焦点，而其中也包含着他深挚的情感。）在1803年的《第二交响曲》中，他的意志十分明显地占了上风，一种不能抵抗的力量把抑郁的情绪一扫净光，生命的燃烧宣告了乐曲的结束。贝多芬渴望幸福，他不愿相信无法挽回的灾难，他充满着渴望，他渴望痊愈、渴望爱情。

在这些作品的好几部中，进行曲和战斗的节奏非常强烈。这在《第二交响曲》的Allegro(快板)的终局内已表现得很明显，特别是献给亚历山大皇帝的奏鸣曲的第一章，更富英勇悲壮的气概。这种特殊音乐的战斗性，使人想象到产生它的时期，大革命已经波及维也纳。贝多芬也被鼓动了。骑士赛弗里德说：“他在好朋友中，兴致勃勃地谈论时局，用天才的聪明进行判断，目光犀利而准确。”他同情革命党人。在他生命的后期，最熟悉他的申德勒说：“他热爱共和制。他主张无限的自由与民族的独立……他热心盼望大家齐心协力地建立国家的政府。他渴望在法国能够实现普选，希望波那巴建立起这个制度，为人类铺平幸福道路。”（通过塞弗里德和申德勒的叙述，我们能够看出贝多芬关心时局并有着强烈的英雄气概。）他就像一个在普卢塔克的熏陶下革命的古罗马人，梦想着一个由胜利之神建立起来的伟大的共和国，而所谓的胜利之神就是法国的首席执政。于是他连续写了一部帝国的史诗《英雄交响曲：波拿巴》(1804)和一首光荣的叙事诗《第五交响曲》(1805—1808)的结尾。这是真正为革命而创作的音乐，时代之魂在其中复活了，是那么热烈、那么纯洁。当代巨大的变故在孤独的伟人心中显得强烈与纯洁，这种感觉即便和现实接触也不会有丝毫的减少。似乎这些历史战争都表现了贝多芬的精神。在他那时的作品里，到处都可看到它们的踪影。或许作者自己不曾认识到，在1907年的《科里奥兰序曲》中有暴风雨在呼啸，《第四四重奏》(第十八号作品)的第一章和这个序曲非常相似。至于《热情奏鸣曲》(第五十七号作品，1804)，俾斯麦曾经说过："如果它能常在我耳旁，我将永不丧失勇气。"(表现了俾斯麦对贝多芬创作的《热情奏鸣曲》的喜爱。)还有《哀格蒙特序曲》和《降E大调钢琴协奏曲》(第七十三号作品，1809)，其中表现技巧的部分是雄壮的，有马突然跑起来的气势。这也不足为奇。在贝多芬创作第二十六号奏鸣曲中的《英雄葬曲》时，那位比《英雄交响曲》的主人翁更值得他歌颂的英雄霍赫将军，正激战而死于莱茵河畔，直到今天在科布伦兹与波恩之间的山冈上还屹立着他的纪念碑。即使这件事当时为贝多芬不知，但在维也纳他也亲眼看到两次革命的胜利。当1805年11月首次上演《菲岱里奥》时，就有法国军官在。于兰将军——巴士底狱的胜利者，住在洛布科维兹，担当着贝多芬的朋友和保护者，享受着贝多芬《英雄交响曲》与《第五交响曲》的题赠。拿破仑于1809年5月10日，驻扎在舍恩布伦。时间不长，贝多芬便对法国的侵略者感到憎恶。但他依然清晰地感觉到法国人史诗般的狂热，所以没有他这样感觉的人，是不可能彻底明了他这种行动与胜利的音乐的。

贝多芬突然停止创作他的《第五交响曲》，接连创作出了《第四交响曲》。幸福就在他的眼前。他与特雷泽·特·布伦瑞克在1806年5月订婚。她在很久以前就爱他。在维也纳居住的初期，从贝多芬与她的哥哥弗朗索瓦伯爵交往，那时她还很小，跟着贝多芬学钢琴，就爱上了他。1806年，她到他们匈牙利的马尔托伐萨家里做客，他们在那里才开始彼此相爱。(描绘出贝多芬与妻子相爱的过程，能够看出特雷泽对贝多芬长久的挚爱。)有关于这些幸福日子的回忆在特雷泽·特·布伦瑞克的一部分叙述里还保存着。她说："一个星期日的晚上，晚餐过后，贝多芬在月光下坐在钢琴前面。他起初把手指平放在键盘上来回拨弄。这一习惯我和弗朗索瓦都很了解，他习惯以这种方式开场。他接着在低音部分弹了几个和弦，然后，慢慢地演奏着赛巴斯蒂安·巴赫的一首歌，神情庄重而神秘，‘若愿素心相赠，不妨悄然相传；两情脉脉，勿为人知’。母亲和神父都已入睡，哥哥注视的双眼严肃而庄重，他的歌和目光渗透了我的心，使我感悟到生命的丰富。第二天清晨，我和他在园中碰了面。他对我说：‘我正在写一部歌剧。剧中的主人公就在我心中，在我眼前，无论我走到哪里，留在哪里，她总陪伴着我。这是我以前从未经历过的如此崇高的境界。万物都是光明和纯洁的。以前，我只是童话里的孩子，只顾捡石子，忽视了路上美丽的鲜花……’在我最亲爱的哥哥的同意下，1806年5月，我们订了婚。”（特雷泽饱含深情的叙述，让我们看到了她对贝多芬浓烈的爱，这份爱随着时间的推移越发的深切。）

《第四交响曲》创作于这一年，犹如一朵美丽而纯洁的花朵，他一生较为宁静的日子的香味蕴藏在里面。

有人说：“贝多芬那时极力想使他的天才和普通人在大师留下的印象中，所知道与爱好的东西之间的关系协调。”这是毋庸置疑的。来源于爱情的妥协精神的影响，使他的举止和生活方式也有了改变。赛弗里德和格里尔巴策说他非常有兴趣、心灵活泼、谦逊有礼地待人接物，也肯容忍可厌的人，讲究穿着，而且他对大家隐瞒得极为高明，以至人们发现不了他的耳聋。他们说他身体很好，除了眼睛有些近视之外。在梅勒为他画的像上，我们也能感受到一种浪漫的风情，略微带些不自然的神情。贝多芬要讨人喜欢，并且知道自己已经讨得他人喜欢。狮子在恋爱中不会露出它的利爪。但从他的眼睛，以至于是《第四交响曲》的梦幻与柔情的氛围之中，我们仍然感受得到那可怕的力、任性的脾气以及突然的愤怒。（贝多芬在爱情的美好中渐渐有所改变，这些改变或许他从未发觉，但已经融入了他的生活。）

这种深沉的平和并没有持续多长久，但爱情的美好影响一直延续到1810年。无疑，正是这一影响使贝多芬获得力量，他的天才也因此结出了最丰厚的果实。如古典悲剧《第五交响曲》，神的夏日之梦《田园交响曲》(1808)，还有从莎士比亚的《暴风雨》启发得来的他自认为他奏鸣曲中最有力的《热情奏鸣曲》(1807)；另外还有一部献给特雷泽的作品，即充满幻想与神秘的奏鸣曲(第七十八号作品，1809)。（举出贝多芬在爱情的滋润下创作出的作品，证明了爱情所带来的巨大力量。）但一封没日期、写给“不朽的爱人”的信，所表现出的他的热烈的爱情，也不比《热情奏鸣曲》逊色：

我的天使，我的所有，我的……我心中有无数的话想对你说……啊！不论我身在何处，你总追随我在身旁……礼拜日以前当我想到你没有收到我的第一个消息时，我不禁泪流满面。我爱你，就像你爱我那样，甚至还要多得多……啊！我的上帝！生活缺少了你会是怎样的啊！——咫尺，天涯……我永远的爱，我的思念一齐涌向你，有时是快乐的，接着悲哀地问命运，是否有一天接受我们的希望。我只能与你在一起生活，否则我就无法生活……永远没有人能在我心中代替你的位置。永远！——永远！噢，我的神！为何相爱的人们又要分离呢？现在我过着悲苦的生活。因为你的爱，我既幸福又痛苦。安静吧……安静——爱我吧！——今天，——昨天，多少充满美好的憧憬，多少的泪水为你，——你，——你，——我的生命——我的全部！再见了！噢！接着爱我吧，永远不要产生任何误会，对你亲爱的人。——永远是你的——永远是我的——永远是我们的。（这封信中诚挚而炽热的言语，让我们看到了贝多芬对特雷泽的爱。）

是什么特殊的理由，阻挡了这一对恋人得到幸福？也许是没有财产，或许是地位的悬殊；也许贝多芬要她等待的时间太长，要她把这段爱情深藏于心底，她感到委屈以示反抗。

或许正是他暴烈、多病以及愤世嫉俗的性格所造成的。婚约被毁了，然而两人没有一个能将这段爱情忘记。直到她生命的最后，特雷泽·特·布伦瑞克还仍深爱着贝多芬。

1816年时贝多芬说：“每当我想起她，我的心剧烈跳动仍和初次与她见面时一样。”同年，他作了六首《献给遥远的爱人》的歌。他在笔记里记道：“我一看到这个上帝的绝美作品，我的心情就开始不受自己的控制；可是她并不在这儿，并没有和我在一起！”（表现出贝多芬对特雷泽的思念和不能相守的遗憾。）

特雷泽曾经送给贝多芬她的肖像，题写着：“给旷世奇才，伟大的艺术家，一生做好事的人。T.B.”

贝多芬晚年时，一位朋友偶然看到他一个人拥抱着这幅肖像、流着泪、大声地自言自语着(他的习惯):“美丽而伟大的你和天使一样!”朋友退了出去。一会儿又进去时,看见他在弹琴,朋友就对他说:“我的朋友,今天你的脸上再也看不到可怕的神色了。”贝多芬回答道:“因为我的天使刚访问过我。”他心里深深地牢记着这一创伤。

他的朋友自言自语地说道:“可怜的贝多芬,在这个世界上你得不到幸福。只有在理想的境界里你的爱人才能找到朋友。”(表现了朋友对贝多芬的怜惜和对他境遇的无奈。)

贝多芬在笔记上又写道:“屈服,完全向你的命运屈服,不能再为你自己而活着,只能为着别人而活着;因为你,只在艺术里才能找到幸福。噢,我的上帝!赐予我战胜我自己的勇气!”

爱情遗弃了贝多芬,在1810年他重又陷入孤单,但光荣已经到来。显然他也察觉到自己的力量,他正年轻有力。他将完全放纵开来他的暴烈与粗犷的性情,对一切都不考虑,对于社会、习俗以及旁人的建议。他没有什么需要害怕和掩饰。没有了爱情,同样没有了野心。只有力,力的欢乐还留下来;需要用它,甚至滥用它。(介绍了贝多芬在失去爱情之后对力的崇拜,这种精神的力量始终推动着他在音乐的道路上继续前行。)“力,这才是和普通人不同的人的精神!”他再次不修边幅,更加放纵自己的举止。言所欲言,他知道他有权力,即使对世间最大的人物也可以是这样。这句话写于1812年7月17日,“我不承认有比仁慈更优越的什么标记”。那时贝蒂娜·布伦塔诺看见他,说“他比任何一个皇帝都更加自信。他的威力慑住了她,她给歌德写信时说道:“当我第一次见到他时,在我面前整个世界不见了,贝多芬使我忘记了世界,甚至忘了你,噢,歌德!……这个人我敢肯定远远地超出于现代文明,我这句话是千真万确的。”

歌德千方百计要结识贝多芬。他们终于在1812年于波希米亚的浴场特普利兹见面,但结果却不太融洽。贝多芬极为钦佩歌德的天才,但他太过于自由和过于暴躁的性格,与歌德的性格无法沟通,却不免伤害他。他曾描述了他们一同散步的情形,歌德永不能原谅。这位骄傲的共和党人,当时,把魏玛大公的枢密参赞教训了一顿。(两个原本彼此欣赏的人,却因为观点不同而使关系变得不太融洽。)

“君王与贵族完全有能力任命教授与机要参赞，完全可以赏给他们头衔与勋章；但他们不能造出伟大的人，造不出能超然于庸俗社会之上的心灵。……当像我和歌德这样的人在一起的时候，这班君王贵族应当感到我们是伟大的。昨天，我们在回来的路上与全体皇族相遇。很远我们就看见他们。歌德挣脱了我的手臂站在路旁，我说尽我所有的话劝他，也劝说不了他往前再走一步。于是我戴好帽子扣好外衣的扣子，背着手，向最密集的人群中走去。亲王与近臣还有太子鲁道夫对我脱帽致敬，皇后也先和我打招呼。那些大臣都认识我，因为好玩，我看着这队人马在歌德面前走过。他站在路边，深深地弯下腰去，手里捏着帽子。事后我狠狠地教训了他一顿，对他毫不客气……”（表现了贝多芬对君王和贵族的不屑，也正因如此，他和歌德的关系才变得微妙起来。）

歌德也不曾忘记，《第七交响曲》和《第八交响曲》就是在这时产生的，也就是1812年写于特普利兹。前者是属大乐节奏的，后者则是幽默的交响曲。在这两部作品中，也许他是最为自由的，正如他自己所说的，最为“尽其力量”，那种激动欢乐与狂乱的包含的对比出乎意料，使人惊诧的夸张的机智、伟大的暴发使歌德与策尔特惊恐不安。德国北部流行着一种传说，《第七交响曲》出自一个酒徒之手。的确，这是一个醉鬼的作品，但也是力量和天才的杰作。贝多芬自己也说：“我是为人类调制美酒的酒神，是我给人类提供至高的精神热狂。”（表现出贝多芬的高度自信与狂热。）

对于他是否真像瓦格纳所说的，想在《第七交响曲》的结局内描绘一个酒神的宴会，我不曾知道。在这部豪放的乡土节日音乐中，我很清楚地看出了他的佛兰芒族的遗传血统。同样，在强调纪律和服从的国度里，他的言谈举止肆无忌惮，都是源于他的血统。不管哪一部作品，都不具备《第七交响曲》的坦诚及自由的力量。这是一条洋溢着泛滥的河的欢乐，无指标地、纯粹为了娱乐而浪费着超人的精力。在《第八交响曲》中，力量虽然没有这么夸张，但却更为怪异，将作者的特点体现得更为淋漓尽致，悲壮与幽默，壮士般的坚毅和孩童般的任性共存。（描写了《第七交响曲》和《第八交响曲》的特点。）

贝多芬幸运的顶峰是1814年。人们在维也纳会议中，看到了他作为欧洲的光荣。在庆祝会中经常活跃的他，像他自己傲慢地对申德勒所说的，亲王们纷纷向他致敬，他们任意追逐他。

1813年，独立战争鼓舞他，他写了一部《威灵顿之胜利交响曲》；1814年初，他又创作了一部战士的合唱《德意志的重生》；1814年11月29日，他在众多君主面前指挥了一支爱国歌曲《光荣的时节》；1815年，他为巴黎的攻占写了一首合唱《大功告成》。这些应时代要求而生的作品，比起他所有的音乐更能增加他的名声。布莱修斯·赫弗尔根据弗朗索瓦·勒特龙的素描完成的木刻和弗兰兹·克莱因塑1813年的脸的造型(Masque)，活灵活现地将贝多芬在维也纳会议时的面貌表现出来：狮子一样的脸上，咬紧着的牙床，愤怒与他皱起的眉头。（运用比喻的修辞方法，将贝多芬比喻成一头狮子，表现了他的愤怒。）但体现得最明显的性格是他坚定的意志，那是拿破仑早年的意志："可惜对于战争不像我对音乐那么在行！否则我将打败他！"但是他的王国不在世界上，正如他在给弗朗素瓦·特·布伦瑞克的信中所说的："在天空有我的王国。"

这段光荣的时期过后，最悲惨的阶段便随之而来。

维也纳从未对贝多芬产生好感。他那样一个骄傲而孤独的伟人天才，在这个浮华轻浮、为瓦格纳所深恶痛绝的城市里是得不到人心的。他不放过任何一个可以离开维也纳的机会。1808年，他特别想离开英国，到威斯特伐利亚国王热罗姆·波拿巴的宫廷去。但维也纳的音乐实在丰富，我们不该抹煞那常有的高贵的评论家，感到贝多芬的伟大，不愿使国家因失去这天才而蒙受羞耻。1809年，维也纳有三个贝多芬的学生，富有的贵族鲁道夫太子、洛布科维兹亲王和金斯基亲王，承诺只要贝多芬愿意留下，就送给他四千弗洛令的年金。他们说："事实上，一个人只有在没有经济困难的时候才能全身心地献身于艺术，才能创作出这些伟大的作品，所以我们决定给予路德维希·凡·贝多芬以物质的保障，扫除一切妨害他天才发展的原因。"（表现了贝多芬在维也纳的三个学生对老师的崇敬，他们愿意支付一切的费用来换取老师留在维也纳。）

不幸的是，这笔津贴没能付足，时间不长就完全停止了，结果与诺言不相一致。从1814年维也纳会议开始，性质发生了变化：社会的目光从艺术转移到政治，音乐口味被意大利作风破坏了，时尚的趋势是罗西尼，而贝多芬则被看作迂腐。贝多芬的朋友和保护人离开的离开、死亡的死亡。

1812年金斯基亲王去世了，1814年李希诺夫斯基亲王去世了，1816年洛布科维兹去世了。曾获得过贝多芬题赠作品第五十九号的美妙的四重奏的拉苏莫夫斯基，于1815年举行了最后一次音乐会。同年，贝多芬和埃莱奥诺雷的哥哥斯特凡·冯·布罗伊宁童年的伙伴失和。他从此陷入了孤独寂寞之中。他在1816年的日记上写道："我没有朋友，在这个世界上，我是孤苦伶仃的。"（表现出了贝多芬孤独无依的状态，同时显示了他寂寞无助的心境。）

从1815年秋天起，贝多芬耳朵完全听不见了。他只能和人们用笔交谈了。1816年的谈话是其中最早的。关于1822年《菲岱里奥》演奏会的经过，可参考申德勒的一段悲痛描述。

"贝多芬要求由他亲自指挥最后一次的预奏……从第一幕的二部唱起，他显然完全听不到台上的歌唱。他将乐曲的行进速度放慢了许多。当乐队跟随着他的指挥行进时，台上的歌手却匆匆地向前唱。于是整个局面全乱了套。像往常一样，乐队指挥乌姆劳夫不说明任何理由，建议休息一会儿，和歌唱的人谈论之后，大家又重新开始。同样的混乱局面又发生了，只好再休息一次。在贝多芬的指挥下，肯定是进行不下去了，但他怎样才能明白呢？不会有人善良地对他说：'走罢，可怜的人，你不能再指挥了。'贝多芬于是不安起来，在骚动之余，他左看看右看看，企图从不同的脸上猜出原因的所在，可是大家都保持沉默。（这段文字是申德勒的叙述，从他的话中我们看到了贝多芬当时的窘境，他已经无法站在指挥台上顺利指挥了，这对他来讲是一个致命的打击。）他突然命令我。我走过去时，他将交谈手册递给了我，命令我写。于是我写道：'求求您别再这样，回去以后我再把理由告诉您。'于是他跳下来，朝我嚷道："快点儿走！"他跑回家去，一动不动地倒在床上，直到吃晚饭他还是一言不发，脸上显现出最深沉的痛苦的表情。晚饭后，我想道别，他表示不想一人待在家而挽留我。到我们要分手时，他要我和他看耳科医生去……在我与贝多芬的所有交往中，没有一天可与这11月里致命的一天相比。他心中很痛苦，到死也不会忘记这可怕的一幕。"

两年后，1824年5月7日，在他指挥（或更确切地说，如节目单上写的“参加指挥事宜”《合唱交响曲》时，他根本听不到全场一致的喝彩声。他一点儿也不知道，直到一个女歌唱演员拉着他的手，让他面对着观众时，他才突然发现全场起立，挥动着帽子，向他鼓掌。罗素，一个英国旅行家，在1825年时见过他弹琴，说当他想表现柔和时，琴键却没有发出声音，在这样的静寂中面对他一脸的激动的情绪时，真是叫人感动不已。（贝多芬是多么热爱音乐事业啊，即使他的耳朵听不见了，他还要站在舞台上和大家一起完成音乐会。）

在自己的内心里躲藏，不与其他的人交流，他只有在大自然中才能得到些许安慰。特雷泽·布伦瑞克说：“自然是他唯一的知己。”它是他的保护神。认识他的查理·纳德1815年时，说从没有见过一个人像他那样热爱花草、云彩、自然……他简直就像靠着自然过日子似的。贝多芬写道：“世界上没有人会像我这样爱田野……我爱一株树更胜过我爱一个人……”（表现出了贝多芬对大自然的热爱。）在维也纳时，他每天都沿着城墙绕圈子。在乡间时，他一人独自散步，从黎明到黑夜，不戴帽，顶着太阳，迎着风雨。“万能的上帝！我开心在森林中——我开心在森林中，每棵树都传达着你的声音。天！这是如何的神奇！一片寂静，由人主宰的宁静就在这树林中，在这群山野之中。”

他精神上的骚乱在自然中获得了一些安慰。但金钱的烦恼使他困苦不堪。（点出贝多芬精神上的好转，同时引出下文，表明贝多芬金钱上的烦恼。）他在1818年时写下：“我快到了要饭的地步，但还必须装成生活并不贫困的样子。”另外他又写道：“写作品第一〇六号奏鸣曲的时候情况紧急。最叫人受不了的是用工作去换饭吃。”据施波尔说，他因为靴子有洞而无法出门。他欠出版商好一大笔债，却又不能用作品交换。当时只来了七个预约者，《D调弥撒曲》接受预约时，他们当中没有一个懂音乐的。让他工作三个月的所有的美妙的奏鸣曲，只能让他得到三十至四十杜加。大概是他作品中最有难度的、就像是用血泪写成、加利钦亲王让他创作的四重奏(作品第一二七、一三〇、一三二号)，却一文钱都没能够拿到。让贝多芬走投无路的还有日常生活的贫困、永无止尽的讼案，要么向人家实现津贴的许诺，要么争取侄儿的监护权，这是因为他的兄弟卡尔在1815年死于肺病留下的一个儿子。

他把心间充荡着的温情全都给了这个孩子。然而等待着他的又是一次残忍的痛苦。好像是命运对他的特殊照顾，特意不住地供给他越来越多的苦难，让他不会因没有痛苦的滋养而丧失天才。他和他那个不好的弟媳妇抢夺小卡尔时，他这样写道："噢，上帝啊，堡垒啊，护卫啊，我仅有的护庇所！你是一目了然我心灵中的所想，当我给那些和我争夺卡尔的人导致痛苦时，我的痛苦，你是知道明白的。听听我的话吧，我热烈地祈求，我是人们之中最痛苦的可怜虫。噢，救救我！我的神！全人类抛弃我，因为我不肯向不义妥协。你明白！请接受我吧，让我在今后能与我的卡尔在一起生活！噢，残酷的命运，无法控制的命运！不，不，这种折磨将永远不会终止！"（表现出了他对侄儿的爱，他祈求上帝能够让他得到侄儿的抚养权。）

但是，这个被他热烈地爱着的侄子，并不配受伯父的信任。贝多芬给他的书信痛苦、愤慨，就好像米开朗琪罗给他的兄弟们的信一样，纯洁得让人感动："我可不可以不再受一次最低级最无情义的酬劳？算了，假如我们之间的关系必须破裂，就让它破裂吧！每个公正的人当他们知道了这回事都会恨你！如果你不堪忍受我的约束，那以神的名义——但愿他的意志都会实现——我把你交给崇高的上帝了，我用尽了所有的力量，我敢于面对最后的审判……""你被宠坏了，学习一下真诚和朴实对你一定会有好处。你对我所做的那些虚伪的事，让我痛苦到了极点，无法忘记……上帝能证明，我只有远离你，想到千里之外，远离可怜的兄弟和可怕的家庭……我对你再也没有信任感了。"（表现了贝多芬对侄子所作所为感到失望。）

但宽恕马上来了，他紧随其后又写了一封信："我最亲爱的侄子！不用再说什么，来我怀抱里吧，你不会听到一句严厉的话……我将以爱去拥抱你。我们来友好地商量一下你未来的前程如何安排。我以我的荣誉起誓，不会说一句责备你的话！那没有一点儿用处。你在我这儿得到的只有最殷勤和最温暖的爱护。来，到你忠诚的父亲的心上来。回来，收信后马上回家吧。"（信封上用法文写着："如果你不来，我定会为你死。"）（这一段语言描写和前面的语言描写形成了鲜明的对比，从中我们能够看出他对自己的侄子十分关爱并寄予殷切的希望。）

他又哀求："不要说谎，做我最钟爱的儿子直到永远！如果你以虚伪报答我，那实在是太丑恶了！我虽没生你，但却绝对抚养过你，而且全力地培养过你。如今我以更热烈于父爱的亲情，真心求你恢复善良与正直的本性。你忠诚的父亲。"

贝多芬本想给这个一点儿也不愚笨的侄子以高等教育，但被迫同意他去习商。在为他计划了无数的美妙前程以后，卡尔竟出入赌场，欠了很多的债。

由于一种可悲的现象比人们想象中更为多见的伯父的伟大精神，对侄儿不但没有利益，反而有害，使他愤怒，让他反抗，正如他自个儿所说的："是伯父要我上进，所以我才变得更卑鄙。"这惊人的说法，完全暴露了这个浪子的灵魂。他在1826年向自己的头开了一枪。但他并没有死去，而贝多芬却差点儿为此丧命。他在这件事情上所受的耻辱，永远无法摆脱。卡尔痊愈了，他从头到尾都使伯父痛苦，伯父之死和他有密切的关系。(表现了卡尔的反叛和不思进取给贝多芬带来了极大的痛苦。)在贝多芬临终时卡尔没有在场。几年前，贝多芬在给侄子的信中说："上帝从未曾抛弃过我。以后会有人在我死后来为我合上双眼的。"但帮助他合上双眼的，却不是被他称为"儿子"的那个人。

在这样凄惨的深渊里，贝多芬却一心讴歌欢乐。

从1793年在波恩时起他就有了这样的想法。毕生的计划就是一生歌咏欢乐，以这歌唱为他某部作品的尾声。他考虑了一生颂歌的形式和放在哪一部作品里适当的这些问题。甚至在《第九交响曲》中，他也从来没有下过决心。直到最后，他还想将欢乐颂歌，放到第十或第十一交响曲中。我们应当注意《第九交响曲》的原题，它不是今日大家熟悉的《合唱交响曲》，而是"以合唱欢乐作为颂歌尾声的交响曲"。也许《第九交响曲》应该有另外一种结尾。贝多芬在1823年7月，还想用一首器乐曲作为它的结尾。(表现了贝多芬无论在多么痛苦的境遇里，都想要歌颂欢乐，这一想法和他的真实处境形成了鲜明的对比。)这段结尾，以后他把它用在第一三二号作品的四重奏内。车尔尼和松莱特纳证明，就是在演奏结束过后(1824年5月)，贝多芬也从来没有打消改成器乐曲结尾的念头。

把合唱引进一部交响曲内，在技术方面有极大的困难，这些可以从贝多芬的笔记上看出来。他试验过很多次，想采取另一种方式，并把这件作品的其他段落引入合唱。他在 Adagio（柔板）第二主题的笔记上记道："在此大概可以以合唱非常和谐地开始。"但他不能做到坚决地和他忠实的乐队解散。他说："我假如看见一支乐队，我一定会听到乐器的演奏声音，但却根本听不见人声。"（从中能够看出贝多芬对于加入合唱部分的决心，但是他又要考虑乐队的配合问题，衬托出了加入合唱的难度。）于是他尽量拉伸歌唱的时间，甚至先用器乐来演奏出主题，不仅最后的吟诵表现完满，而且"欢乐"的主题也是这样。我们必须还要更进一步解释这些延缓和踌躇，因为它们有更内层的原因。忧患把这个可怜的人不停地折磨着，但他却从不停顿歌颂"欢乐"之主题。一年又一年，他延续着这桩事业，这是由于他永远被热情与感伤所包围。他在生命的最后一天到来时才达成心愿。

欢乐的主题第一次出现，乐队突然间停了下来，呈现出一片出人意料的安静，这使歌唱的开头有一种圣洁与神明的色彩。没错，这个主题的确是神明。从天而降的"欢乐"，被包围在超现实的静默里，它用柔和的气息安抚着苦痛。当它悄悄进入大病初愈的人的心里时，第一次的安抚是如此温柔体贴，使人像贝多芬的那个朋友一样，"看到他柔和的眼睛而为之流泪"。当下面的主题过渡到人声音上去时，低音先表现出来，用一种严肃而低沉的情调。渐渐地"欢乐"把生命抓住了。这是一场战争，一场征服痛苦的战争。随后出现进行曲的节奏，热烈急促的男高音，气势宏伟的军队。在这些沸腾的乐章内，我们可以感受到贝多芬。他的呼吸，与他具有感染力的呼喊的声音，表现出他在田野上奔跑的情景。他如醉如狂地写作着他的乐曲，受着激情的鼓动，就像大暴风雨中的老李尔王。（运用了比喻的修辞手法，将贝多芬的激情表现得生动形象。）战争的欢乐过后，是宗教的沉醉，然后是神圣的宴会，还有激情的兴奋。整个人类张开手臂向天空，大声呼喊着，扑向"欢乐"，把它紧紧地抱在怀里。

巨人的作品终于击败了庸俗，刹那间它把维也纳也震动了！这城市当时完全处在罗西尼与意大利歌剧的势力范围内。贝多芬失望之余，想要到伦敦去，去演奏《第九交响曲》。几位高贵的朋友和 1809 年一样，又来恳求他不要离开祖国。他们对他说："我们清楚您刚完成了一部伟大的新作品，它表现了您深沉的信心，体现着您的情操。您的心灵渗透着超现实的光明，照耀着这部作品。我们也知道您在那伟大的交响曲的王冠上又添了一朵永远鲜艳的花，……您这些年来保持的沉寂，让所有爱您的人都感到伤心。所有悲哀的人意识到，正当外国的音乐来到我们的国家，人们把德国的艺术作品遗忘时，我们在人类中占有如此崇高的地位的天才，竟保持了沉默。……只有您在，整个的民族才能渴望新生命、新光荣的到来，才能不顾现在的风气而建立起真与美的新时代……但愿您能使我们的渴望在不久的将来变为现实……但愿借助您的天才，未来的春天对于我们，以至对于整个人类而言都会变得更繁荣！”（突出了人们对贝多芬的喜爱，他们不愿意让他离开，想让他一直留在国内进行创作。）这封亲切的信，表明贝多芬在德国优秀阶级中具有无可置疑的威望，不论在艺术方面，还是在道德方面。他的崇拜者赞扬他的天才时，出现在头脑中的第一个概念不是学术、不是艺术，而是崇拜。贝多芬被感动了，决定留下。

1824年5月7日，在维也纳举行的《D调弥撒曲》和《第九交响曲》的首次演奏会，贝多芬获得了前所未有的成功。热烈的气氛，几乎达到了最高境界，受到群众多次鼓掌，当贝多芬出场时；讲究礼节的国度，就是皇族的出场，一般也只有三次的鼓掌礼。因此甚至调来了警察来维持秩序。交响曲引发的狂热的骚动，使许多人都哭了。贝多芬在结束之后因激动而晕倒了，大家把他抬到申德勒家，他迷迷糊糊地和衣睡着了，一动不动，直到第二天早上。（渲染出了当时的热烈气氛，同时贝多芬也是全情投入的。）然而胜利是短暂的，这对贝多芬来说没有任何好处，音乐会没有给他带来任何收入，他的物质生活依然窘迫穷困。他贫病交加、孤独无靠；但他胜利了，他超越了人类的平庸，战胜了自我的命运，解脱了自身的痛苦。

“牺牲，永远牺牲你的艺术和一切人生的愚昧！艺术，是高于万物的神！”

他终于达到了终身的目标，他已获得欢乐。然而欢乐在这暴风雨的心灵中，能否长时间停留？当然，他还不时地回忆起往日的痛苦。当然，异样的阴影表现在他最后的几部四重奏里。（文章的句式变得更加灵活多变，同时一问一答的形式引起了读者极大的阅读兴趣。）但是《第九交响曲》的成功，似乎已经在贝多芬的心目中留下了光荣的印记。他以后的计划是：《第十交响曲》《前奏曲纪念巴赫》，替格里尔巴策的《曼吕西纳》谱写的音乐，为克尔纳的《奥德赛》、歌德的《浮士德》谱写的音乐，还有《大卫与扫罗的歌唱剧》，这些都表现出他的精神境界是倾向于德国古典大师的清淡恬静，他倾向于巴赫与韩德尔尤其是南方、南部法国，或者是他梦想要去游历的意大利。

施皮勒医生在1826年看到他时，说他的神情变得愉快而充满了生气。同年，当格里尔巴策最后一次见到他时，贝多芬反倒来鼓励这位颓废的诗人，他说："啊，我要是能拥有你千分之一的体力和坚强的话，我会感到十分荣幸的！"（表现出贝多芬的乐观和善良，他总是能够看到事情好的一面，积极地面对生活。）格里尔巴策说："我是因为言论检查而被杀害的。如果要思想、言论自由，得一个人到北美洲去。"然而没有一种力量可以禁止贝多芬的思想。诗人库夫纳在写给他的信里说："文字已经被束缚了，声音幸好还是自由的。"贝多芬是自由之声，可能也是唯一的自由之声。在当时德意志思想界就连他自己也能感觉得到。他经常说到，他认为这是自己的责任，也就是把自己的艺术奉献给"可悲的人类，未来的人类，给他们十足的勇气，为他们创造美好的幸福，责备他们的软弱无能，唤醒他们的梦"。他给侄子写信说："在我们这个时代，需要坚强的心灵来激励这些软弱无能的人群。"米勒医生在1827年说："贝多芬永远自由地发表意见，不论对政府、警察、贵族，还是在公众面前。虽然警察当局知道得很清楚，但认为他的批评和嘲讽是无害的梦呓，所以也就让这个光芒四射的天才平安无事。"（从这些人的话语中，我们能够知道贝多芬是自由的，他的艺术也是自由的。）

没有什么能让这顽强的力量屈服，他现在似乎在玩弄痛苦。在他最后的几年中尽管环境恶劣，但他的音乐却有了一副崭新的模样，嘲笑，睥睨一切，快乐。在他去世的四个月前，也就是在1826年11月，他完成了第一三〇号作品的四重奏，崭新的结尾部分传达出非常轻快的氛围。（面临死亡，贝多芬创作出了轻快的乐曲，证明贝多芬是一个勇敢的人，他直面生死，用生命在谱写乐章。）这种快乐不是一般人所能拥有的。一会儿是嬉笑怒骂，正如莫舍勒斯所说的：一会儿是超越了如此之多痛苦以后的感人微笑。总之，他是胜利的，他不相信有死亡。

但是死亡终于来临了，他在1826年11月底，得了脑膜炎，在为侄子前程的奔走结束后，他病倒在维也纳。据说那个没有感情的家伙竟忘记了使命，两天之后才又想起来。医生来得太迟了，而且治疗得很糟。三个月里，他那健壮的身体一直在和病魔搏斗。他在1827年1月3日，把最爱的侄子立为正式的继承人。他想起了在莱茵河畔亲爱的朋友，他给韦格勒写信说："我多么想再和你谈话！但是因为我身体太弱，只能在心里想着拥抱你和你的洛亨，我除此之外没有什么能做的。"（突出了贝多芬对朋友的思念之情，也揭示了他病情很严重。）假如没有那几个慷慨的英国朋友的帮助，他几乎伴随贫穷的苦难直到他生命的最后一刻。他变得非常温柔，十分忍耐。1827年2月17日，经过了三次手术，正在等待着第四次，他躺在临终的床上，在等待时安详地说："我觉得，一切灾难都换来了几分善意。"这个善，就是解脱，正如他临终时所说的"喜剧的结尾"，而在我们看来却是他一生悲剧的终结。

他在暴风雨中、闪电中，在一声雷响中，咽了最后一口气，合上他的眼睛的是一只陌生的手（1827年3月26日）。

亲爱的贝多芬！多少人赞颂过他那伟大的艺术作品。他是音乐家中一流的人物，在近代艺术中他是最勇于奋斗的人。他是伟大的最好的朋友。当我们面对世界的灾难而感到伤心欲绝时，他就会在我们身边。就像坐在一个穿着丧服的母亲身边，不言语，在琴上弹着他隐忍而悲伤的歌，来安慰那痛哭的人。（体现出贝多芬对人们的影响十分深刻，他创作的曲子可以给人以安慰。）当我们对德善与庸俗的斗争感到疲惫不堪的时候，到他的意志与信仰中感受一下，就会获得不可言说的益处。他分赠给我们的是一股强烈的勇气，一种奋斗的欢乐，一种能感觉到与神同在的沉醉。似乎在他和大自然不停的沟通之中，他竟感染了大自然那深邃的力量。格里尔巴策对贝多芬的钦佩之中是含有惧意的。在提起贝多芬时，他说："贝多芬所达到的那种境界，艺术竟然和古怪与粗野的因素混合在一起。"舒曼提到《第五交响曲》时也说："即使你经常听到它，它也始终对你有一股持久的威力，就像自然界的现象，尽管不断发生，也总是使人充满恐惧与惊异。"他的密友申德勒说："他抓住了大自然的精神。”没错！贝多芬是一股自然界的力，一种在原始的力和大自然其余的部分交战之下所产生的荷马史诗般的壮观。

贝多芬这一生就像是一个雷雨天，早晨明净如水，只有一些随意的微风。不过隐约的威胁和沉重的预兆已经在静静的空气中显现出来。接着，巨大的阴影突然卷席而来，天地间充满着雷电悲壮的吼叫，夹杂着同样可怕的沉默，狂风一阵接着一阵，这是《英雄交响曲》和《第五交响曲》。（运用比拟的修辞手法将贝多芬两部作品气势磅礴的特点表现得淋漓尽致。）不过白天的清新气息还存留着，欢乐仍在，悲哀永远伴随着一丝希望。可是，时间走到了1810年，心灵失去了平衡。白日的光辉也比不上平常的那般光明。即便是最清晰的思想，也变得像升华的水汽一般，时而聚拢，时而飘散，它们骚动着，古怪而又凄凉，蒙住了心灵，时常出现的欢乐思绪在薄薄的雾气中沉浮，一两次之后就完全不见了，它们被雾气淹没，直到乐曲结束的那一阵狂暴中才又重现出来。（运用比喻的修辞手法将最清晰的思想比喻成升华的水汽，形象而生动。）就算是快乐自身也带有粗野的苦涩。所有的情绪都夹杂着一种热病的毒素。傍晚快要来了，随之将至的是雷雨，接下来是黑夜中饱含着雷电的沉重云层，暴风雨终于来了，这是《第九交响曲》的开头部分。正当风狂雨骤，黑暗突然袭来，仿佛黑夜被赶出了天空，白日的清新与明亮因为意志的力量又重新掌握在我们手中。

有哪种胜利可以和这相提并论？拿破仑的哪一场战役可以与之相比？曾经有哪一天的阳光，能比得上这超出常人的努力所得的光荣？又有谁曾体验过这种一般人的心灵所不能得到的凯旋？（将贝多芬音乐的层次性在文句中表现出来，证明了他在音乐上的超凡天赋。）他是个不幸的人，他的生活充满痛苦，世界给予他的没有欢乐，只有孤独、残废和贫穷。而他却给予世界创造性的欢乐！这欢乐是用苦难造就的，就像他那句震撼人心的名言所说的，那句能作为他一生总结的，能够作为所有英勇的心灵的格言：“欢乐由痛苦获得。”

名师课堂

阅读赏析

这一部分向我们介绍了伟大的音乐家贝多芬的事迹，从中我们能够看到他坎坷的一生，他始终活在痛苦中，幸福似乎从来都不能在他的身上长久地停留。这似乎是上天对他的考验，从而使他在音乐上有了异乎寻常的造诣，或许正是这些磨难，让他更能感受到欢乐的可贵，于是他开始歌颂欢乐，让人们感受到了他的精神力量。

阅读思考

1.贝多芬为什么没有和特雷泽结婚?

2.贝多芬的一生都承受了哪些痛苦?

写作借鉴

仿佛　习惯　享受　促使　纯真　悲凄　严肃　骄傲
抑郁　兴致勃勃　熏陶　清晰　纯洁　愤世嫉俗

☆ 尽管贝多芬有如此悲惨的童年，但他永远保持着对这个时代以及打发这时代的一种柔情而悲凄的回忆。

☆ 这一幅像与贝多芬以后的肖像相比，与介朗的拿破仑画像之于别的拿破仑像一样，那张严肃的面孔，燃烧着野心勃勃的波拿巴式的火焰。

贝多芬的遗嘱

名师导航

没有人愿意接受这个天才音乐家逝世的事实，可是他就像是一颗流星，将最绚烂的部分留在人间之后就悄然消失了，于是人们开始悼念他，以此来铭记这位不朽的音乐家。可是他最亲的人呢？他们又在哪里？他的遗嘱里又说了些什么？让我们一起来看看吧！

给我的兄弟卡尔和约翰

你们这些人，把我当成了一个心怀怨恨的人，把我看成了一个疯狂的、愤世嫉俗的人。你们真是冤枉了我！你们并不知道藏在那些外表之下的贝多芬是个什么样子。（表达了贝多芬内心的苦闷，他想要告诉世人自己究竟是什么样子的。）

从童年开始，我就有一种慈悲为怀的道德情操，我老是想要去完成一件伟大的事业。可是，你们认真地想一想，这六年以来，我的健康状况是多么的令人担忧啊！那个可恶的没有头脑的庸医不但没有治好我的病，反而加剧了我的病情。我整天企盼着我的病情会有所好转，但是，我一次次地被蒙骗，直到医生的骗局被戳穿的时候，我才明白我的病情是多么的严重。虽然我的病不是没有一点儿痊愈的可能，但是，那要等上多久才能够痊愈啊！（由于这一部分是贝多芬的遗嘱，所以书信的内容都是以贝多芬的第一人称叙述的，而从这段内容能够看出他对医生的控诉。）

本来我天性活泼开朗，能够很好地适应各种社会交际；但是，命运啊！不幸的命运却硬逼着我和人类分离开来，让我过着孤独的生活。我想要冲破这一切，但是，每当我这样做时，我的残疾总是阻挡住我。当我听别人说话的时候，我不能够对人家说："请你再大声一点儿说话，因为我是一个聋子，听不见你的话！"我没有这个勇气让别人知道我的残疾。可是，上帝啊！我的残疾竟然出在我的听觉上。要知道在以前，我的听觉比任何人的都要灵敏。可是，现在它竟然出了毛病，而我却还在干着音乐这个行当，这让我怎么能够忍受得了啊！不！我决不能让人家知道我的听觉出了毛病。（表现了贝多芬从内心是无法接受自己的病情的，因为他毕竟是一位音乐家。）

所以，如果你们看到我独处一处或者显得十分孤僻的时候，请你们谅解，因为我心里是非常愿意和人们交流的。但是，我听不到别人说话，我害怕别人知道我的残疾。我成功地掩饰着我的残疾，但是，为此我被很多人误解，人们怀疑我是一个高傲的人，不愿与人交流的人，一个古怪、孤僻的人。可是，我是多么地想和人们交流啊！我想从美妙的谈话中获得安慰、获得快乐；可是，我办不到，我完全与世隔绝了，完全孤独了。由于职业的缘故，我常常需要在一些公共场合中露面；但是，越是在这个时候，我越是不能轻易地露面。我唯恐人家发现我的残疾。我被放逐到这个世界上，可我又不得不逃避与人交往，我终日过着一种流亡者的生活。（表现了贝多芬在现实境遇中的种种无奈，他想要和人交流但又无法实现，因此有人会对他产生误解，这一点令他感到痛苦。）

因此，我最近六个月到乡下去住。我的医生劝我好好保护我的听觉，我知道他说这话只不过是想讨好我而已，他对我的病没有一点儿帮助。可是，我还是忍不住想要和人交往。但是，当我身边的人都听见了远处的笛声或者听到了牧童的歌唱，而我什么也听不见的时候，这对我是何等的羞辱啊！为此，我痛苦不堪，我陷入了绝望之中，甚至想到了自杀。可是，我没有去死，是艺术最终留住了我的生命。我想在我还没有把我的艺术使命完成之前，我还不能离开这个世界。于是，我就开始忍耐这种悲惨的生活。尽管，身体的一点儿变化都有可能损坏我的健康，我还是要坚持下去，直到死神最终割断我的生命线为止。我仅仅才28岁，可是，我似乎已经看透了一切，这对我是何等的不容易啊！

可是，上帝了解我的心，上帝知道我是多么地热爱人类，多么地想要做善事啊！假如有一天，有哪个不幸的人知道了曾经有一个与他同样不幸的人不怕千难万险、竭尽全力想要成为一个伟大的艺术家的话，希望我的经历能够激励他去勇敢地超越他的磨难。（表现了贝多芬对社会的责任感，他想要通过自己的事迹来激励那些在痛苦中生存的人们。）

而至于你们，我亲爱的兄弟，倘若在我死后斯密托教授还活在人世的话，请把我的病情详细地告诉他，并且再附上这封信给他，请以我的名义请求他向社会解释我的过去。希望在我死后，社会能够消除对我的误解。

我死后会有一些财产留给你们继承，你们把它公平分配吧。在我死后，你们要和睦相处、相亲相爱、同甘共苦才是。你们曾经给我造成的伤害，我早就原谅了你们。卡尔，我特别感谢你对我的忠诚，我衷心地祝福你们都有更加幸福的生活，不要像我这样充满了烦恼。用最美好的道德情操教育你们的孩子，永远要记住这一点：使人得到幸福的是美德而不是金钱。这是我的经验之谈，在患难中支持我的是道德，使我没有自杀的，除了艺术之外也是道德。

永别了，我的兄弟们！你们好好地相亲相爱吧！（看似结尾句，但却引出了下段对朋友的感谢，从中能够看出他是一个会宽恕和感恩的人。）

我要感谢我所有的朋友，尤其是要感谢利奇诺斯基亲王和斯密托教授，我希望你们能够妥善保存利奇诺斯基亲王的乐器，不要为这件乐器而有什么争执。如果你们需要把它卖掉，那就卖掉吧！我也不会责怪你们的。

虽然我命运多劫，但是，我还是想要把我各方面的才能都展现出来，如果死神在这之前就降临的话，我还真有些不甘心。不过，死神的来临对我来说也未尝不是一种解脱。所以，死神愿意什么时候来就什么时候来吧，我都将勇敢地迎接它。

永别了，我亲爱的兄弟们！在我的有生之年，我时时刻刻都在思念你们，都在想让你们获得幸福。所以，在我死后，请不要把我忘记！祝你们幸福！（这一部分是整篇遗嘱的结尾，他礼貌地和朋友们道别，从中能够看出他对朋友的怀念。）

路德维希·凡·贝多芬

1802年10月6日于艾利冈斯泰托

名师课堂

阅读赏析

这一部分是贝多芬自己写下的遗嘱，所以通篇都采用了第一人称的形式，在贝多芬的自述里，我们能够清晰地看到他对自己病情的无奈，他不想接受这个残酷的事实，但是又无法选择回避，所以他只能独自一人去面对这份痛苦。在痛苦中，他依然没有放弃对音乐的追求，他凭借着自己坚强的毅力，创作出了很多优秀的作品。可见，贝多芬是一个有着强大的内心的人，他总是用自己的精神力量激励着身处痛苦中的人们。

阅读思考

1.贝多芬是如何评价自己的？

2.他是如何评价自己的主治医生的？

3.在文中，贝多芬对谁表示了感谢？

写作借鉴

怨恨　愤世嫉俗　冤枉　担忧　痊愈　孤僻　掩饰

与世隔绝　逃避　痛苦不堪　千难万险　竭尽全力

☆ 我想要冲破这一切，但是，每当我这样做时，我的残疾总是阻挡住我。

☆ 我成功地掩饰着我的残疾，但是，为此我被很多人误解，人们怀疑我是一个高傲的人，不愿与人交流的人，一个古怪、孤僻的人。

☆ 这是我的经验之谈，在患难中支持我的是道德，使我没有自杀的，除了艺术之外也是道德。

米开朗琪罗

原 序

名师导航

看过了伟大的音乐家贝多芬的故事，下面让我们来看看雕塑家米开朗琪罗吧！在作者的眼里，他同样是一个饱受痛苦摧残的人。他所有的痛苦都是有意义的，都是值得的，痛苦是迎接快乐的使者，只有心灵强大的人才能成为真正的强者。米开朗琪罗就是这样的人，所以说他是真正的巨人。

被米开朗琪罗称为《胜利者》的白石雕塑存放在佛罗伦萨国家美术馆里。雕塑是一个赤身裸体的年轻人，他有修长优美的身体，卷曲的头发轻轻地覆在额头上。（呈现了胜利者的外貌特点。）他巍然地挺立着，膝盖靠在一个满脸都是胡须的囚人背上。囚人弯着身子，脑袋前伸，仿佛一头负重前行的牛。但是胜利者却根本不理睬他。他放下了就要伸出去的拳头，将充满迟疑和沉郁的眼睛和嘴巴移向别的地方，身子向后倾，转过胳膊向着肩膀——他讨厌胜利。

米开朗琪罗的办公室中仅仅存放了这一件作品，一个折断了翅膀的胜利者，一幅惊惶的英雄之像。这个雕塑是米开朗琪罗的化身，也是他所有一生的象征。多年后达涅尔·特·沃尔泰雷要把它安放在米开朗琪罗的坟墓上。

痛苦有各种各样的形式，是数不清道不尽的。也可以说是因为物质的困难、病痛、苦难、人类的诋毁、命运的偏激等，这些深埋在人们心灵深处。这些情境中的痛楚，一样无法挽回，一样的使人怜惜。毕竟人无法左右自己的命运，既没有办法求生，又没有办法成为理想的形象。（这一部分集中对痛苦做出了阐释，说明了痛苦的来源和它在人类中的影响。）

米开朗琪罗便把它深深地埋在心中。他有强悍的生命力，生来是个斗争者、征服者，并且他的梦想实现了。但是，他不要成功，这根本不是他想得到的。几乎是莎士比亚笔下的哈姆莱特式的悲剧！他有着英雄的能力，但没有努力的意向；他有澎湃不息的热情，但没有奋发向上的渴望——无比痛楚的矛盾！（介绍了米开朗琪罗的特点，揭示出了他并不是一个渴求成功的人。）

绝对不要以为是在其他许多伟大之后，又发现了一种伟大。那是因为我们不能说因一个人太伟大，世界对他来说显得小了。

伟大绝对不只是精神上的苦恼，就普通的伟大人物来说，缺少生命与世间万物、生命和生命规律之间的和谐也不能称其为伟大，这反倒是一大弱点。为什么要隐藏弱点呢？难道说大家真的会最不同情最弱的人？不，我们会更怜爱那些最弱的人，因为他急于对爱的需要！（表现出作者对弱点及弱者这一观点的肯定，说明了弱者并不可悲，反而会得到他人的怜悯。）

我不会树立伟大高尚的英雄范本，我讨厌不堪一击的理想主义，它使人不敢坦然面对人生的苦痛与内心的脆弱。我们应该对那些轻易被美梦和甜言蜜语蒙蔽的人们说：英雄说谎是一种懦弱。真实的英雄主义仅有一种——关心世界的原来面貌，并且热爱它。

在这里我所说的悲剧，是一种来自生命内的、天生的痛苦，它不停地吞噬生命，直到生命完全毁灭。这是一种人类痛楚的明显代表之一，西方一千九百多年来都充斥着他的呐喊——痛楚与信仰，这代表就是基督徒。（对悲剧作了一个详细而透彻的阐释，将它与基督教徒联系起来，表现出了一定的宗教意识。）

也许有一天，在很多世纪的终点处，如果我们尘世的事情还存活在人类大脑中的话，会有那么一天，所有全部活着的人们，对于这个消失的群体，像但丁伏在第八层地狱的火炕旁边一样，会站在堕落的深渊的旁边，充满厌恶、惊异与同情。

有谁能比我们更加深切地感受得到这种又惊异又厌恶又怜悯又佩服的情绪呢？从小我们就沉浸在这种悲痛的情感之中，看到亲人互相残害，我们非常了解基督教悲观主义苦涩但又醉人的气息。我们在迟疑不决的时间里，用了多大力气，才让自己不至于和别人一样落入虚无缥缈的幻梦当中。

上帝！永恒的神呀！这是一艘给无法生存下去的人们避难的船！信仰，就是人们对未来世界的不信仰，就是对自己的不信仰，因为没有快乐，所以没有勇气……啊！信仰，你的痛楚的胜利，你是用多少失败垒成的呀！

因为这，基督徒们，我热爱你们，替你们抱憾，替你们哀叹。我佩服你们的悲伤，你们让世界悲惨，又让它十分美丽。只要你们的痛苦消逝，世界就会变得苍白无力。这是一个卑微胆怯的时代。在痛楚面前打抖，大声呼喊幸福的来临，但这幸福绝对不是其他人的痛楚！（这里呈现了作者对基督教徒经历的痛苦的必要性的说明。）

我们应该勇敢地面对痛楚，尊敬痛楚！快乐值得称赞，痛楚又何尝不值得称赞！这两者是圣者，是姊妹。她们让人类张开伟大的胸怀。她们是生命，是力量，是神！任何不能拥抱快乐与痛楚的人，没有痛楚，也就没有快乐。只有体会她们，才能明白人生的真正价值与告别凡世的幸福。

罗曼·罗兰

名师课堂

阅读赏析

这一部分是米开朗琪罗人生事迹的序言，在这里，我们看到了一个在雕塑界极其成功的人，可是他的世界却是痛苦的，他没有渴望过成功，甚至鄙视这种胜利，但是他却没有办法去改变。他无法挣脱命运的枷锁，这种苦难让他的精神变得更加强大，成为了一个精神上的巨人。

阅读思考

1.在米开朗琪罗办公室的桌子上放着哪个雕塑作品？

2.米开朗琪罗渴望成功吗？

3.基督教徒有着怎样的特点？他们的精神世界是怎样的？

写作借鉴

惊惶 诋毁 偏激 怜惜 澎湃 隐藏 甜言蜜语 懦弱

☆我不会树立伟大高尚的英雄范本,我讨厌不堪一击的理想主义,它使人不敢坦然面对人生的苦痛与内心的脆弱。

上篇

名师导航

看过了序言，我们对米开朗琪罗有了一个大致的了解，下面作者将从他的出生讲到他的成功以及他所经历和承受的痛苦，这一部分细致入微的描写，全方位地为我们呈现出一个真实的米开朗琪罗，现在就让我们一起走进他的世界吧！

一、巨人的崛起

1475年3月6日，米开朗琪罗出生于卡波热斯。他的父亲是当地的一名法官，脾气暴烈，但是惧怕上帝；母亲在米开朗琪罗6岁的时候就死了。米开朗琪罗家有兄弟五人，他小时候被寄养在一个石匠妻子的家中，进入学校之后他只用功于素描。（介绍了米开朗琪罗的家庭背景和成长环境，为后文做出了环境铺垫。）为此，他的父亲和叔父们很是瞧不起他，有时还打他，他们都憎恨艺术家这个职业，似乎在他们的家族中出一个艺术家是一件非常耻辱的事情。

可是，他还是犟过了父亲的固执，13岁的时候，父亲允许他进入了佛罗伦萨最大的一个画室学习。他成绩非常的优异，可是不久他就开始厌恶起绘画来，他转入了一所由一位梅蒂希斯亲王主办的雕塑学校。这位亲王非常赏识他，让他住在其宫殿里，甚至还允许米开朗琪罗和他的儿子们住在一起。这段特殊的经历使得年幼的米开朗琪罗有机会从小接触一些古代的书籍，他接触到了柏拉图，接触到了古希腊，接触到了整个文艺复兴的气息。年轻的米开朗琪罗深深地被这些古代的大师们深邃的思想所吸引、所折服。他因此有了一种强烈的崇古思想，他梦想着将来成为一个类似于古希腊雕塑家的人。（表现了亲王对米开朗琪罗的赏识和他的崇古思想的来源。)

可是,米开朗琪罗所崇尚的这种思想和气息对当时的欧洲来说是万万要不得的,因为,当时的欧洲正处于基督教信仰的笼罩之下,教会拥有至高无上的权力。他们宣称自己是上帝的代言人,他们是世人获得救赎的天梯,反对他们就是反对上帝,任何与他们有不同思想的人都是不允许存在的。但是,宗教的改革也正在悄悄地进行。人们开始认为自己应该直接面向上帝,而不是通过这些世俗社会中的传教士们。当时有一个叫萨弗纳罗尔的传教士在米开朗琪罗的故乡传播着一种类似的宗教观念,当地的人们开始动摇了他们以前对于上帝的信仰方式,有许多人,包括米开朗琪罗的哥哥都加入了他的教派。(表现出当时的宗教控制已经开始松动,宗教改革的势力已经萌芽。)

1494年10月的一天,米开朗琪罗的一个朋友告诉他,说自己做了一个可怕的梦,他在梦中见到了死去的老亲王,老亲王命令他去告诉他的儿子彼埃尔亲王,说他将要被逐出这个王国。米开朗琪罗相信了这个预示着灾难的噩梦,他开始惶恐不安;两天之后,他逃走了。一个月之后,彼埃尔亲王因为众叛亲离也逃跑了。(预示着梦境成为了现实,他们真的都离开了佛罗伦萨。)佛罗伦萨建立了一个平民政府,那个名叫萨弗纳罗尔的传教士预言,说在佛罗伦萨建立的这个平民政府将会改变整个世界,那是一个共和的世界。在这个共和国中,人们只承认一个国王,那就是耶稣——基督。那一年,米开朗琪罗在勃隆尼一个富有的朋友家中度过了整个冬天。他已经忘了那个可怕的梦和那个可怕的预言,他又开始阅读文艺复兴先驱者们的作品了。

1495年春天,米开朗琪罗又重新回到了佛罗伦萨,这次他只住了几个月就又离开了。当地正举行狂欢节的宗教仪式,但是各种派别的争论无休无止。这一年的5月23日,那个名叫萨弗纳罗尔的传教士被烧死了,米开朗琪罗并没有设法营救他,他一声不响。可是,米开朗琪罗雕成了《耶稣死像》。(米开朗琪罗用《耶稣死像》来表达自己无法对人言的心情。)

米开朗琪罗的家庭把全部的负担都压在他一个人身上。他们只向他要钱,他即使没有钱也要想法不让他们失望,即使是把自己卖掉了也在所不惜。他在给父亲的信中却这样说道："我所受的一切苦难都是为了你们，因为我深深地爱着这个家族，爱着它的一切。"（表现了米开朗琪罗对家族的爱，为此他能够付出一切，哪怕是自己的健康和生命。）

1501年春天，他又回到了佛罗伦萨。这一次，人们交给米开朗琪罗一个艰巨的任务。大约在40年之前，当地的宗教委员会曾委托一位著名的雕塑家雕一个先知者的塑像，可是这项工作开始不久就停止了。因为这项工作以及这位雕塑家的名望，许多人都不敢再接手这件事，尽管他们所要面对的只是一块巨大的白色石头而已。这次他们找到了米开朗琪罗，大主教和他签了一份合同，硕大无比的大卫像就源出于此。（介绍了大卫像的由来，正因米开朗琪罗接受了这项工作，才有了这个伟大的雕塑。）1504年，《大卫像》终于从工作棚里出来了，当地的艺术委员会决定把它安置在诸侯宫殿的前面。但是，它却并没有受到人们的欢迎。因为大卫像是裸体的，尽管在米开朗琪罗看来他是那样的圣洁，可是，无奈的是佛罗伦萨的居民们却认为这是有伤风化的。

就在同一年，当地的行政长官要米开朗琪罗和当时另外一位很有名望的艺术家赖沃纳共同负责完成诸侯宫殿会议厅的装饰画。这对于米开朗琪罗来说可是一件非常痛苦的事情，因为他和赖沃纳的艺术风格非常的不同，他瞧不起赖沃纳，甚至厌恶和憎恨他。赖沃纳负责《安哈瑞战役》的绘制，而米开朗琪罗负责制作《卡斯纳战役》。这是文艺复兴时期两种截然不同的艺术风格的争鸣，可惜的是这两件作品都没有保留下来。米开朗琪罗的那幅画毁于战火，赖沃纳的那幅画因为使用的油膏的缘故也没有长时间地保存下来。（从中能够看出米开朗琪罗并不喜欢赖沃纳，而且他们的作品也没有留存下来。）

1505年3月，教皇于勒二世把米开朗琪罗召到了罗马，教皇要米开朗琪罗为他建造一座陵墓，要和古罗马城相媲美。这将会是一个多么宏伟的工程计划呀！米开朗琪罗为此而热血沸腾起来，他激动不已，他要建造一座山一般的建筑，上面要安放四十余座巨大的雕像。教皇听了这个美妙的计划之后也兴奋不已，给他权力去开采任何想要的石头。他利用八个月的时间采集了大量精美的石头，他把这些石头运到了圣彼埃尔广场上。他要把他的天才全部体现到这些白色的石头中去。因为他的天才和勤奋工作，教皇对他嘉赏有加，甚至经常去拜访他。可是，米开朗琪罗的敌人们却想打倒他，他们利用教皇的迷信和无知，说生前建造陵墓是非常不吉祥的事。他们向教皇建议，如果能重修圣彼埃尔大教堂的话，那将会使教皇名垂千秋。教皇变化无常的性格倾向了米开朗琪罗敌人的一边，他开始冷落米开朗琪罗的计划，决定重建圣彼埃尔大教堂。陵墓建造的事情一经搁置，米开朗琪罗就不得不自己掏腰包支付那些正在进行中的工作的费用；为此，他欠了不少债，生活处于极大的困窘之中。当他要求去见教皇的时候，于勒二世却叫人无情地将他赶出了梵蒂冈。在米开朗琪罗离开的第二天，他的敌人们就举行了重建圣彼埃尔大教堂的奠基典礼。他们让人把米开朗琪罗辛辛苦苦采集来的石头抢劫一空。他们想把米开朗琪罗永远地踩在脚下，让他永远不得翻身。（表现出了教皇和米开朗琪罗的敌人们的无情，他们想尽一切办法驱逐米开朗琪罗。）

可是，米开朗琪罗的出走却触怒了教皇，他下令给佛罗伦萨的诸侯，要米开朗琪罗去见他。可是，米开朗琪罗却固执着没有去，并且还向教皇提出了条件，要求教皇让他继续建造陵墓。可是，教皇的命令越来越强硬，米开朗琪罗不得不做出让步，他前往勃隆尼，那是在1506年11月，教皇正好攻陷了勃隆尼之时。后来由于一位主教向教皇求情，教皇这才宽恕了米开朗琪罗。可是，教皇却要米开朗琪罗在勃隆尼为他铸一尊铜像。米开朗琪罗不得不依从教皇，可是，他并不懂得如何铸造铜像，他必须从头学起。更为糟糕的是他的两个助手的品行让他大为失望，他把他们两个赶了出去。一直到1508年2月，米开朗琪罗整整花了15个月的时间才铸造好这个铜像。（表现了米开朗琪罗建造铜像所遇到的困难。）可是，这个铜像也没有逃脱战争的毁坏。

战争之后，他和教皇一起回到了罗马。看到米开朗琪罗重新回到罗马，而且好像又重新得到了教皇的赏识，这让他的敌人们再一次感到痛恨。他的敌人中有一个名叫拉菲尔的壁画家，他在梵蒂冈已经作好了一组壁画，而且获得了巨大的成功。他们说服教皇要让米开朗琪罗做另一件令他感到非常为难的事情——为西斯廷教堂画天顶画。可是，米开朗琪罗对于壁画技术一窍不通。面对敌人的杰作和巨大的挑战，米开朗琪罗想尽办法推辞这件事。可是，教皇却不依不饶，坚持一定要他来做这件事情。他的敌人们甚至还迫不及待地为他搭设了一个工作用的架台，还为他召来了几个壁画家帮助他。他们这样做可不是出于什么好意，他们只是想让米开朗琪罗尽快地开始工作，他们也好尽快地看到他出洋相的样子。米开朗琪罗把架台拆了重新建了一个，把壁画家们都赶了回去，只留了几个工人在身边。（米开朗琪罗的敌人们又开始刁难他了，拉菲尔强迫他去画天顶画，而米开朗琪罗只能被迫接受，他别无选择。）

面对困难，面对对手们的挑战和侮辱，他不仅没有退缩，反而把原来的计划扩大了，他不仅要画教堂天顶上的壁画，还要画四周的壁画。1508年5月，米开朗琪罗开始了这项宏伟的工程。

可是，事情进展得并不顺利。他从教皇那里没有拿到过一分钱，工作进行得非常缓慢，因为米开朗琪罗并不在行壁画艺术。而且，在他画完其中一部分的时候，作品已经开始发霉了。（描写了米开朗琪罗在画壁画的过程中遇到的困难，没有人力财力的支持，也没有专业的技术，但教皇却不许他放弃。）他想放弃，可是教皇不允许。工作的辛劳在侵蚀着米开朗琪罗的躯体，精神的郁闷在折磨着他自由的思想。除此之外，令他感到自豪的家族也在损耗着他的生命，米开朗琪罗的父亲不停地为了钱来烦扰他，他在疲惫的工作之余还不忘在信中安慰他的老父亲：

只要我还有什么东西，我就绝不会让你缺少什么，我宁愿自己贫穷也不愿看到你受苦。

他的三个兄弟们也都依赖他，他们渴望着他的钱，渴望着他能为他们谋得一个显要的地位，他们肆无忌惮地挥霍着米开朗琪罗在佛罗伦萨积聚起来的财产。不仅如此，他们甚至还到罗马来找他，要他为他们购买商业资产，或者是什么田产。（米开朗琪罗的这些兄弟们是多么可恶啊，他们总是希望榨取他身上的钱财而罔顾他的处境。）当这些薄幸的兄弟们这样做的时候，他们并没有丝毫的歉意或者不安，他们似乎认为这些都是米开朗琪罗应该做的事情，是米开朗琪罗欠他们的债。米开朗琪罗知道他的兄弟们是在剥削他，但是，他不愿显示出自己的无能；因为，在人们看来一个得到教皇赏识的天才艺术家是不会为了钱财而发愁的。直到米开朗琪罗得知他的兄弟们在家中虐待父亲的时候，他再也按捺不住了。他写信给他的兄弟们，在信中痛斥了这帮无耻的家伙，决意要他们知道他们是靠了什么才会有今天的舒适生活的，并且威胁说如果他们再敢虐待父亲的话，他就会收回属于自己的而被他的兄弟们占据着的财产。米开朗琪罗用极其愤慨的言语鞭笞着这帮忘恩负义的兄弟。（米开朗琪罗终于爆发了，而这次的爆发却不是为了他自己，而是为了他的父亲，这一描写能够看出他是一个非常有孝心的人。）

忘恩负义的家庭在死命地压榨着米开朗琪罗的血汗，无情的敌人在不停地中伤着米开朗琪罗，而我们可怜的米开朗琪罗就在这种两难的处境中痛苦地挣扎着。可是，也就是在这样的一个时期内，米开朗琪罗完成了他那英雄般的西斯廷作品。

教皇因为米开朗琪罗迟迟不让他看作品而发怒了，最后，教皇甚至用拐杖打他。遭受了羞辱的米开朗琪罗准备离开罗马，教皇马上派人给他送了500金币，并向他道了歉。最后，米开朗琪罗终于撤掉了工作架台，把他的作品展示给教皇看。那天正好是一个祭祀亡灵的节日，而米开朗琪罗的作品中充满着主宰一切生死的神的精灵，那些神，如疾风暴雨一般，气势横扫一切！（表现了神的伟大力量，证明了米开朗琪罗的作品栩栩如生。）

二、梅蒂希斯家族神庙

西斯廷的工程完工了，教皇于勒二世死了，米开朗琪罗光荣着，又痛苦着。光荣是因为他完成了如此伟大的作品，痛苦是因为这件作品付出的劳累已经让他的身体成了病态。由于长年累月地仰着头画西斯廷的天顶，致使他以后看东西时都不得不把它们放在头顶上才能看清楚。他嘲弄着自己的病态："画笔上的颜料滴在我的脸上，画出了美丽的图案。我的胡子向着天，我的头向着背，我的腰部向前顶，我的臀部变成了全身的支点，维持着身体的平衡。我前身的肌肉拉长了，后身的肌肉蜷缩了，整个身体就像一张弯弓一样。我再也看不清楚了，甚至连走路都要像瞎子一样摸索着前进。"米开朗琪罗是一个艺术家，他深爱着身体的美，他痛恨这病态的躯体。这病态的躯体让他变得很丑，而对于米开朗琪罗而言，丑是一种耻辱。（表现出米开朗琪罗此时的痛苦，工作已经使他的健康受到了威胁。）

但是，艺术家终究是艺术家。米开朗琪罗始终不能忘怀给教皇于勒二世建造陵墓的宏伟计划。于是，在1513年3月，他签订了一份在17年中完工的契约，在这份契约中的建造计划比原来的还要宏大，还要令人吃惊，他要建造32座巨大的雕像。接下来的三年中，米开朗琪罗一直全身心地投入到这项宏伟的工程中。这期间，他显示出了异常的热情和坚强的意志，从他的手中产生了完美的作品：摩西像和两座奴隶像。

可是，命运注定不会让伟大的艺术家的生活平平静静。（承接上文，启示下文，起到了过渡作用。）

为去世的前任教皇于勒二世建造陵墓，对于米开朗琪罗而言是一项宏伟的艺术工程，而且，对于任何一个把自己的全部热情甚至于生命都献给艺术的人而言，这都是绝不容错过的艺术实践。但是，这件事却让新任的教皇勒松十世感到有些不悦，他想扭转米开朗琪罗的天才的航向，要米开朗琪罗为他的功德唱颂歌。教皇勒松十世和米开朗琪罗都曾经在由佛罗伦萨的梅蒂希斯亲王主办的学校里受过教育，所以，教皇要米开朗琪罗去建造梅蒂希斯家族的神庙。（揭示了米开朗琪罗和勒松十世之间的渊源，为下文故事的发展做铺垫。）米开朗琪罗答应了，因为他要和他的敌人一决高低。他的敌人拉菲尔在他离开罗马期间担任了建造圣彼埃尔大教堂的总监，能坐上这个艺术宝座就好比一个人登上了国王的位子，这让米开朗琪罗愤愤不平。但是，紧接下来的问题出现了：建造梅蒂希斯家族的神庙——圣罗朗察教堂工作的同时又不放弃于勒二世陵墓的工作是一件不可能的事情。米开朗琪罗又陷入了矛盾之中。他想把圣罗朗察教堂建成意大利建筑与雕塑的一面镜子，把所有的意大利的上乘艺术都呈现出来。无疑，这又将是一个非常宏伟的艺术工程。1518年1月19日，米开朗琪罗与教皇签署了一个合约，合约中规定他要在八年之内完成这项工程。米开朗琪罗不得不慢慢地放弃了建造于勒二世陵墓的工作。

可是，可悲的事情又发生了，连圣罗朗察教堂也不能建了。米开朗琪罗生性不愿和人合作,不想与人分享荣誉,他古怪的脾气让人敬而远之。在为建造圣罗朗察教堂采用的石料方面,米开朗琪罗与梅蒂希斯家族发生了分歧,梅蒂希斯家族的人想要采用最近被佛罗伦萨收购的彼得拉桑特海石料厂的石头,而米开朗琪罗却执意要用嘉喇尔的石头。为此,梅蒂希斯家族的人和教皇都怀疑他是否从嘉喇尔那里收取了贿赂。最终,米开朗琪罗不得不服从教皇的意愿而采用彼得拉桑特海石料厂的石头。但是,这种出尔反尔又触怒了嘉喇尔的人,他们和航海工人联合起来抵制米开朗琪罗的工作。结果,米开朗琪罗竟然找不到一只船来运送石料。(表现出米开朗琪罗复杂多变的性格,他坚持自己的观点,但有时却免不了去服从,这一点对他的艺术生涯有很大影响。)他不得不在山中和平原上开路,但是,当地人又不肯出钱修路。米开朗琪罗在艰难的山道中痛苦地呻吟着。1518年9月,他因为劳累过度而在途中病倒了。他回到了佛罗伦萨,苦苦地等待着石料的到来。可是,此时的河流干涸了,运载石料的船只搁浅了,米开朗琪罗就这样焦急而又痛苦地等待着。第一批石料终于到了,但是,米开朗琪罗并没有立刻开始他的工作,他要像建造于勒二世的陵墓时一样,不把石头堆积成山他是不会开始动工的。他把开工的日期一天天地向后推迟着。也许,此时的米开朗琪罗有些担心甚至是害怕了。因为,这个工程太大了,而他又绝非是这方面的内行,当时与敌人一时的斗气到了如今却又让他骑虎难下、进退维谷了。不仅如此,在运输石料的过程中事故不断,运往佛罗伦萨的六块巨柱式的石料有四块在路上断裂了。(表现了米开朗琪罗此时进退两难的处境,他的工程面临着巨大的困难。)

最后,可怕的事情终于发生了。教皇和梅蒂希斯大主教眼看着那么多宝贵的时间和钱财浪费掉了,他们开始对米开朗琪罗厌烦起来。1520年3月,教皇下了一道旨令,把与米开朗琪罗签署的建造圣罗朗察教堂的合约取消了。这个消息沉重地打击着米开朗琪罗。

他愤愤不平,心想这几年里浪费掉了多少宝贵的光阴,自己甚至为了这件工作而破产;更不能让人忍受的是一下子对自己委以重任,一下子又不让他做这件工作,这对他简直就是莫大的侮辱。(此时米开朗琪罗内心的委屈一涌而出,这些年积压在他心里的侮辱都涌现在眼前,可是他依旧无能为力，不能改变。)但是，米开朗琪罗不应该责备别人，他最应该责备的应该是他自己。在这几年中，他不断地从一件工作换到另一件工作，最终的结果却是一无所成。可是他的敌人，那个著名的画家拉菲尔却取得了辉煌的成就。拉菲尔创作了许多传世杰作，他还建造了麦达姆别墅，主持了圣彼埃尔大教堂的重建工作，领导着考古工作，筹备盛大的庆祝会，建立纪念碑，创办学校，他的影响已经占据了整个艺术界。1520年4月6日，拉菲尔在他的丰功伟绩中离开了人世。

米开朗琪罗终其一生总是从一个磨难转到另一个磨难，从一个主人转到另一个主人手下，就这样不停地消磨着他那天才的生命。1520年，梅蒂希斯大主教成为教皇科赖芒七世，自此他又成了米开朗琪罗的新主人。如何对待艺术家，所有的教皇几乎是一个样，新任的教皇科赖芒七世也不例外。他仍然把艺术家当作了为他唱赞歌的歌手，米开朗琪罗就是这众多歌手中的一员，与其他人相比，唯一的差别就是他有着天才般的才能。但是，新任的教皇对米开朗琪罗确实是非常不错的。他了解米开朗琪罗，了解他的经历，了解他的意志，了解他的精神，教皇甚至会在他萎靡不振或陷入混乱的时候阻止他无谓地浪费生命，帮助他重新振作起来。教皇重新委任米开朗琪罗主持梅蒂希斯家族的神庙和陵墓的建造工作，教皇要求米开朗琪罗专心投入其中，他甚至劝说米开朗琪罗加入教会，还答应每月给米开朗琪罗一笔工资。尽管米开朗琪罗拒绝了这个建议，可是教皇还是按月给他发工资，甚至比原来的多出三倍。除此之外，教皇还把一所别墅送给了米开朗琪罗。(表现了新教皇对米开朗琪罗的赏识，新教皇为他创造了良好的创作环境。)

能得到教皇的赏识已是莫大的荣幸，更不要说还有这些恩赐。在一般人看来，教皇真是对米开朗琪罗恩宠有加啊！这一切都是让人多么地羡慕啊！但是，1524年3月，米开朗琪罗莫名其妙地放弃了教皇给他的别墅和工资。与此同时，已经去世的教皇于勒二世的继承人却声称要把米开朗琪罗送上法庭，因为他没有完成已经答应的建造于勒二世陵墓的工作。米开朗琪罗知道是自己违约了，他受着良心的谴责，他甚至请求教皇科赖芒七世准许他回到建造于勒二世陵墓的工作中去。教皇坚决不肯答应，一定要他继续梅蒂希斯家族神庙的工作。米开朗琪罗的朋友们对于他的行为也是百般地不理解，他们认为米开朗琪罗肯定是疯了，劝他还是顺从教皇的意志为好。可是，米开朗琪罗的固执又来支配他了，他和教皇、和他的朋友们、和一切关心他的人们作对。他坚决不听从他们的话。结果，他真的一无所有了，意气用事的米开朗琪罗重新面对着生活的窘迫。几个月之后，米开朗琪罗为生活所迫，又不得不重新向教皇的司库申请工资。

起初，米开朗琪罗对此难以启齿，在给教皇司库的信中，他胆怯地写道：

亲爱的乔法尼，笔杆子也许会比口舌更大胆一些。所以，我想给你写信诉说我最近屡次想说但又不敢说的话：我还能重新得到教皇准许给我的工资吗？当然，如果我已经不能得到，我也不会改变我对教皇的忠诚，我会一如既往地为教皇工作。（米开朗琪罗最终还是向生活低头，他不得不开口向教皇索要工资来维持正常的生活。）

可是，司库只装作没有看到他的信。两个月之后，他还是什么都没有得到。于是，他不得不再三申请。米开朗琪罗整整一年多没有拿到工资，他整日和贫困斗争着，他抱怨说贫穷已经严重影响了他的工作，他不得不整日为了生活而烦忧。

后来，教皇科赖芒七世知道了这件事情，知道了米开朗琪罗生活的窘迫。教皇托人向他道歉，并答应在他有生之年一定会善待他。可是，教皇的恩宠并不能驱赶掉其他人对他的捉弄和烦扰。梅蒂希斯家族的人不断地给他增加工作，让他整天陷入一些无聊的工作之中，消磨着他的时间和精力；甚至于他的工人和下人们也让他烦恼不已，因为当时欧洲流行着一种八小时工作制的运动思潮，人们不愿意在正常工作时间以外再加班。整日劳作不辍的米开朗琪罗为此大为气愤。可是，这除了引发他那易怒的脾气之外，对于事情的解决毫无裨益。（将梅蒂希斯家族对米开朗琪罗的压迫生动形象地呈现在读者面前。）

在工作的烦恼之外，家庭的烦恼从未远离过米开朗琪罗。

他的父亲随着年龄的增长，脾气越来越古怪。有一天，他的父亲从家中出走了，还说是米开朗琪罗把他赶出去的。米开朗琪罗为此给父亲写了一封劝慰的信：

亲爱的父亲，昨天回到家没有看到您，我很奇怪；我听说您抱怨是我把您赶出了家门，我更是感到奇怪。我敢说我从小就从没有想过要做让您感到不愉快的事情。几十年来，我尽我的所能让您生活得好，可是，您竟然说是我把您赶出了家门！这对我真是莫大的侮辱！您不知道名声对我是多么的重要，可是，您——我亲爱的父亲却在毁坏着我的名声！无论如何，我请您原谅我，就算是我曾经做了一件让您感到伤心的事情。（将书信的内容呈现在读者面前，使读者能够清楚的感受到米开朗琪罗对父亲的惦念。）

父亲回来了。可是，不久这位老人又说米开朗琪罗偷了他的钱。这次，米开朗琪罗简直给气疯了，他在信中写道："我真不知道您到底想要我怎么样做您才会满意！在佛罗伦萨，大家都知道您是一个有钱人，是我在偷您的钱，我应该受到惩罚；而您——我亲爱的父亲——却应该被人们热烈地赞美。对于我，您爱怎么说就怎么说去吧！只是请您以后不要再写信给我了！我的名声和我的工作已经被您给毁了！"（表现出了米开朗琪罗对父亲诋毁他的愤怒，他已经对父亲的行为忍无可忍了，所以开始愤怒地抱怨着周围的一切。）

米开朗琪罗痛苦着、悲哀着，他好像是被一股莫名的力量给闷塞住了，他被压抑得喘不过气来。生活的琐碎永远纠缠着艺术家的生命。

1527年，意大利爆发了大政变。米开朗琪罗主持的梅蒂希斯家族神庙中的雕像一个也没有完成。米开朗琪罗有着英雄般的天才，他同样有着英雄般的艺术幻想。可是，从1520年到1527年间，生活的境遇让天才的米开朗琪罗疲惫不堪，艺术的幻想不断地破灭，痛苦之后还是痛苦。在文艺复兴的这几年中，米开朗琪罗竟然没有完成一件作品，没有实现一项让他感到满意的计划。（简要介绍了从1520年到1527年这七年间，米开朗琪罗的处境。）

三、战争的年代

米开朗琪罗总是在各种事物之间摇摆不定、犹豫不决。这种性格使得他卷入了1527年的政治革命。

米开朗琪罗在行动上是懦弱的、胆怯的，他不敢冒险与政治的、或者宗教的权威们做斗争。他总是害怕会冒犯了什么似的，一旦对于任何专制的行为有了一丁点儿的批评，他会立刻加以否认。（介绍了米开朗琪罗的性格特点，而这一切也是他身处于痛苦中的一个原因。）他总是写信提醒他的家人们注意周围的政治环境：

生命比财产更重要……你们要安分守己，不要到处树立敌人，除了上帝之外不要相信任何人，不要对任何人评头论足，因为你不知道无意中会伤害或者触怒什么人，很多事情是不可预知的。

他的家人们不但没有很好地听取他的意见，反而把他的话当成了疯狂的表现，他们不断地嘲弄着米开朗琪罗。

米开朗琪罗总是生活在恐惧之中。每当有危险来临时，他的第一个反应就是逃避。但是，他总是无所逃遁。结果，他只有承受这一切苦难。久而久之，他已经习惯于生活在痛苦中了。每当苦难再次来临时，他的解决方法就是强制自己的肉体和精神去忍受。（表现了米开朗琪罗对生活的恐惧，他始终无法逃避身体和心灵的深深痛苦。）

可是，怯懦的米开朗琪罗同时又是矛盾的。他天才的聪颖使他能够预料局势的发展，这让他更为悲观。他虽然对周围的一切危险保持着恐惧，可是，在他心灵的深处却有着强烈的共和思想。关于这一点，我们可以从米开朗琪罗与朋友关于但丁神曲的谈话中看出来。当他们谈论关于暴君和刺客时，他为刺客辩解道："如果我们仔细地读一读但丁的这段作品的话，我们就会发现但丁把暴君归入了恶人的行列，暴君犯下的罪恶无论是神还是人都不会宽恕，所以但丁要把暴君打入第七层地狱，使他万世不得超生。既然但丁承认这一点，那么在他看来，暴君已经丧失了人性。所以，杀死一个暴君就无异于杀死了一头野兽、一头人面兽心的野兽而已。"（这一段语言描写是米开朗琪罗对于但丁作品中暴君和刺客的评价，从中能够看出他的共和思想。）把暴君比成野兽，只要他蹂躏人民、践踏人权，任何人都可以起而杀之。这是何等的思想！可是，这种极端的思想竟然和先前所述的懦弱全集于一个人身上，这多少有些令人匪夷所思！

正因为米开朗琪罗有着这样的思想，所以，当西班牙国王攻陷罗马的时候，当梅蒂希斯的家族被驱逐的时候，米开朗琪罗便成了革命党的先锋。共和的思想和革命的热情竟然把那个懦弱的米开朗琪罗变成了一个十分勇敢而近乎狂热的斗士。1528年10月，他参加了守城会议。1529年1月10日，他便被任命为建造守城工程的督导。同年4月6日，他又被任命为佛罗伦萨的卫戍司令。他到处视察，并和防御工程专家们和当地的权贵们热烈地讨论着。（简要介绍了1528年10月到1529年4月之间，米开朗琪罗的工作。）

可是，在讨论过程中，米开朗琪罗和佛罗伦萨的行政长官卡泼尼发生了分歧和冲突。米开朗琪罗猜疑卡泼尼和梅蒂希斯家族的人蓄意把他撵走。紧接着，整个城市都在猜疑着这件事情。结果，卡泼尼不得不被撤职。但是，米开朗琪罗的天才预感再一次告诉他灾祸将要来临，这使他惶恐不安。他把自己的预感告诉了新任的执政长官，但是，执政官却痛斥他的无端猜疑和怯懦。这使米开朗琪罗感到沮丧，并且变得更加恐惧。

没过多久，米开朗琪罗逃出了佛罗伦萨城。在逃亡途中，沿途城市中的王公权贵们听说他到来了，竞相邀请他住下。（表现了各国王公权贵对米开朗琪罗的器重和赏识，他们都希望这位天才能够来到他们这里。）可是，这种邀请让米开朗琪罗更加地感到自己的怯懦、更加地羞愧，而且，他还是感到不够安全。他想一直逃到法国去。他有一位朋友在意大利替法国国王置办艺术品，于是，他就写信给这位朋友。但是，法国驻当地的大使知道了这件事情，便写信给法国国王和元帅，请求他们把米开朗琪罗邀请到法国去，并设法把他留在那里。法国国王立即写信给米开朗琪罗，答应给他高薪和房子。但是，当这封信到达米开朗琪罗逃难的地方时，他已经回到了佛罗伦萨。

此时的佛罗伦萨已经归于平静了。9月30日，佛罗伦萨的执政长官下令在革命期间一切逃亡的人如果不在10月7日之前回来的话，都将以叛逃罪论处。在那一天，那些逃亡者都被宣布成了叛逆者，他们的财产也都被没收了。米开朗琪罗出逃的事也被当地的人们议论着，但是，有人为米开朗琪罗向行政长官求情，所以，行政长官放宽了米开朗琪罗回来的期限，还派人把一张拘留许可证和朋友写给他的信带给了米开朗琪罗。他被他的朋友们说动了，他相信佛罗伦萨重新又回到了黄金时代。(交代了米开朗琪罗为什么没有去法国而是回到了佛罗伦萨。)

同年11月20日，米开朗琪罗又回到了佛罗伦萨。执政长官只是象征性地处分了他一下，他又官复原职了。但是，光荣并没有持续多久，灾祸就降临了。1530年8月2日，佛罗伦萨的驻军统领投降了；12日，整个佛罗伦萨都投降了。紧接着，杀戮开始了，米开朗琪罗的朋友们也没有幸免于难。米开朗琪罗因畏惧躲藏到钟楼上去了。

教皇虽然知道他参加革命的事情，但是最终还是宽恕了他，并且还说如果他还愿意继续建造梅蒂希斯家族的神庙的话，教皇不但会既往不咎，而且还像以前那样对待他，给他工资，还有他所珍视的令世人羡慕的名望。

胆怯的米开朗琪罗从躲藏的钟楼里重新走了出来，他又重新为那些他曾经反对过的人工作了。不仅如此，他还为杀害他朋友的凶手雕塑；否认那些被放逐的人曾经是他的朋友；他被迫说谎，向他曾经的敌人们献媚。为了保全自身，为了完成自己的艺术幻想，天才的米开朗琪罗向世俗的权贵们俯首称臣了。(米开朗琪罗为了保命被迫继续为教皇工作，但这一切也成了他痛苦的来源，他整日活在烦恼和羞愧之中。)因为自己的胆怯，米开朗琪罗感到羞愧，并且日益地感到痛苦。为了摆脱这烦恼的缠绕，米开朗琪罗让自己全身心地投入到工作中去，他疯狂地工作着，发泄着自己心中的苦闷。1530年至1531年期间，米开朗琪罗创作了《日》《夜》《晨》《暮》等作品。在这些作品中，米开朗琪罗用他的艺术诉说着他的苦恼，这苦恼源自社会的世俗，源自自己的艺术梦想与现实之间的割裂，也源自自己胆怯的性格。可惜的是米开朗琪罗的苦恼并不为任何人所理解，这一点更加重了米开朗琪罗的痛苦。(介绍了米开朗琪罗在这一年之内的作品，同时也表现出了他的痛苦。)

米开朗琪罗称自己为“一个满怀着信仰而过着奴隶般生活的人”，他想到了自杀，他的精神简直要崩溃了。1531年6月，米开朗琪罗终于不堪精神上的重负而病倒了。但是，他还是没日没夜地工作，每天只吃一点儿食物，严重缺乏睡眠。他的身体状况让他的朋友们感到担心。教皇科赖芒七世也劝慰他不要过度劳累，要注意休息。可是，米开朗琪罗仍然是固执的，他不听从任何人的建议，即使是教皇。最后，教皇不得不采取强硬的措施让他停止工作。1531年11月，教皇下令禁止米开朗琪罗再做除了于勒二世的陵墓和梅蒂希斯家族神庙之外的任何工作。除此之外，教皇似乎已找不到任何可以挽救米开朗琪罗瘦弱身躯的办法了。

教皇之所以这样做，是因为当时的一些有钱人竞相向米开朗琪罗索要作品。最后，教皇甚至开玩笑似地对米开朗琪罗说："如果他们再向你索要作品，你应该在脚上绑上一支笔，他们要的时候，你就随便在地上画几下，然后任由他们拿去就是了。"（看似戏谑的话语，却让我们感受到了教皇对米开朗琪罗的关心，他不愿一个天才就此陨落。）除此之外，于勒二世的继承人还在不停地纠缠和威吓着米开朗琪罗，因为，他没有完成以前签订的合约。1532年，米开朗琪罗又和他们签署了一份合约，答应在三年之内为于勒二世建造一个小的陵墓；不仅如此，全部的费用要他自己承担，米开朗琪罗还要支付2000金币给他们，以偿还以前从于勒二世那里收受的钱财。

可是，为于勒二世建造陵墓的计划失败了；不久之后，为梅蒂希斯家族建造神庙的计划也破产了。（承接上文，启示下文，起到了一定的过渡作用。）

灾难在瘦弱的米开朗琪罗面前不但没有退去，反而步步紧逼。1534年9月25日，教皇科赖芒七世逝世了。米开朗琪罗的保护伞没有了。在这之前，佛罗伦萨的梅蒂希斯大公曾要求米开朗琪罗建造一座要塞，但是被米开朗琪罗拒绝了。为此，梅蒂希斯大公痛恨他。从那以后，米开朗琪罗已经做好了心理准备，接受梅蒂希斯大公的任何处置。但是，梅蒂希斯大公并不敢杀害他，因为米开朗琪罗受着教皇的恩宠。现在，教皇已经驾崩了，没有人可以保护他了。幸运的是，当教皇死的时候，米开朗琪罗恰好不在佛罗伦萨城中，也就逃过了一劫。但是，无论如何，米开朗琪罗已经不能再回佛罗伦萨了。因此，梅蒂希斯家族的神庙也就永远不能完成了。

1534年9月，米开朗琪罗重新回到了罗马。他已经有21年没有回罗马了，在这期间，他创作了于勒二世陵墓上的三座雕像、梅蒂希斯家族神庙中的七座雕像、圣罗朗察教堂的穿堂、密拿佛寺庙中的《基督像》，还有一件《阿波罗像》。但是，所有这些作品，米开朗琪罗都没有完成，它们都是残缺的。（介绍了米开朗琪罗在21年内创作的作品，同时也补充说明了这些作品都是残缺的。）米开朗琪罗有着英雄般的天才，可是，他竟然一事无成。他的不停歇的工作损蚀着他的艺术生命，耗尽了他所有的精力和信心。不仅如此，他还失去了他的父亲和一个兄弟，悲痛和绝望已经完全笼罩了米开朗琪罗。

他甚至开始憧憬死亡了。米开朗琪罗的活力随着他的梦想的不断破灭而日渐地衰微了，他不再相信他那永远不能实现的艺术幻想了：

逝去的光阴欺骗了我，我已经等待了太久、太久。没有一件事情能够和失去时间相比的了。当我回想起往日时，我发现没有一天是属于我的。我整日地陷入各种妄想之中，正是这种妄想吞食着我的生命，羁绊着我前进的步伐。（表现了米开朗琪罗的绝望和无助，他已经没有什么依恋可言了。）

名师课堂

阅读赏析

这一章节介绍了伟大的雕塑家米开朗琪罗，从中我们认识了他的很多作品，也了解到了他身上鲜为人知的一面。这位伟大的雕塑家多年来一直承受着精神上的巨大痛苦，这一痛苦有的来自于他的家庭，有的来自于那些王公贵族，他们总是希望从他身上获得自己想要的东西，却从未在意过他的感受。最终米开朗琪罗在痛苦中日益消沉，找不到前进的方向。文中大量运用了细节描写，将米开朗琪罗的生活刻画得细致入微。

阅读思考

1.米开朗琪罗的父亲为什么不同意他学画？

2.米开朗琪罗有哪些十分著名的作品？

3.米开朗琪罗几次往返佛罗伦萨？

下篇

一、神圣的爱

米开朗琪罗对卡瓦列里的爱情是真挚的，不管是纯朴的还是无耻的，都是不难理解的。以至于在文艺复兴后期的意大利，它还会造成一系列不堪的流言，拉莱廷这个讽刺家居然对这件事做过许多污辱性的讽喻。不过这些长久存在的拉莱廷之类的流言，无法形容米开朗琪罗。因为“他们用自己肮脏的心来塑造他们的米开朗琪罗”。

孔迪维说过，“我经常听到米开朗琪罗谈论爱情，所有听众都可以发现他的言论表现是纯粹柏拉图式的。我并不是很清楚柏拉图的主张，不过在我与他长久的密切交往中，我发现他的语言中只有充满尊敬的话语，那是完全可以熄灭年轻人激情欲火的话语……”（表现出孔迪维对米开朗琪罗爱情的赞赏，他相信这份爱是纯粹的，是柏拉图式的爱情。）

不过这种柏拉图式的设想并没有文学气息，也没有冷酷味道。因为米开朗琪罗对于所有美的事物都是疯狂沉醉的，柏拉图式的爱的理想也不例外。他自己也明白，所以有一天他谢绝好友贾诺蒂的邀请时说：“每当我发现一个相当有才能有思想、或一个言语行动比较特殊的人时，我都会疯狂地热恋他，甚至可以付托全身给他，哪怕他并不属于我……你们都是天赋异秉之人，假如我接受你们的邀请，那么我会丧失我的自由，你们每一个人都会切割我。也就是说如果是擅长艺术之人，例如跳舞、弹琴之人，我也会任他们摆布！有你们相陪，我不但无法休息、安静、振作，反而会让自己的灵魂随风飘荡，恐怕若干天后，我都不知在什么地方了。”（米开朗琪罗婉言谢绝了贾诺蒂的邀请。）

声音、话语、思想都这般吸引他，那美丽的肉体将如何诱惑他呢？

“美貌的力量于我是多大的刺激呀！人间再也没有这样的欢乐了！”（从中能够看出米开朗琪罗对美貌的渴求。）

他最早的美妙之梦，他最早的理想爱人，是1522年的佩里尼。1533年他转而去爱波焦；1544年，他又恋爱布拉奇。因此，对于卡瓦列里的友谊他并不是专一的，但是很持久，甚至达到了狂热的境界。因为不单是这位朋友的华美容颜让他倾倒，而且他高尚的品德也值得他去敬重。

瓦萨里曾经说过：“他爱卡瓦列里超过爱其他一切朋友。这是一个出生于罗马的中产者，很年轻，喜欢艺术。米开朗琪罗为他专门做过一个肖像，是米开朗琪罗一生中唯一的画像，因为他讨厌描绘生人，除非这个人相当好看。

瓦尔琪也说过：“我曾在罗马遇到过卡瓦列里先生，他不仅有美轮美奂的容貌，还有着温文尔雅的言谈举止，思想独特，行动高尚，确实值得人家爱慕，尤其是深入了解之后。”（通过瓦尔琪的描述，我们进一步了解了卡瓦列里这个人。）

1532年秋，米开朗琪罗在罗马遇见卡瓦列里。他给他写了一封满含热情的信，卡瓦列里十分庄重地给了他回复：

收到你的来信，我十分开心，特别因为它出乎我意料的缘故。我说出乎意料，是因为我不相信自己值得像你这样的人给我写信。对于称赞我的话，以及你对于我的工作表示极为钦佩的话，我可以回复你：我的为人与工作，根本配不上一个旷世无双的天才，像你一样的人。所谓旷世无双，是因为我无法相信除你之外还有第二个，对一个启蒙时代的青年说出这样的话。不过我也不相信你对我说谎。是的，我相信，我相信你对于我的感情，的确是像你那样一个艺术的化身。一切爱艺术、献身艺术的人们都一定会感到的。我是这些人中的一个，但在爱艺术这一点上，我确是不逊于任何人的。我应允你，我回报你的盛情，我从没有像爱你一样爱过别人，我从没有像渴望你的友谊一样渴望别人……我请求你允许在我可以为你效劳的时候随便供你驱使，我永远为你服务。

你永远忠诚的托马索·卡瓦列里（表现出卡瓦列里是一个十分谦

逊而又礼貌的人，同时也渲染出了他和米开朗琪罗之间的感情的真挚。）

卡瓦列里的语气仿佛永远是令人感动但是又相当谨慎的。他的忠诚一直保持到了米开朗琪罗临终的时候，他是忠诚的，并且他还到场送终。相应地米开朗琪罗也永远信任他，他是唯一被认为对米开朗琪罗产生了影响的人，他也利用了这种信任与影响为米开朗琪罗的幸福与伟大服役。正是由于他的缘故，米开朗琪罗才决定完成圣彼得大寺穹隆的木雕模型。也正是由于他，我们才得以保留米开朗琪罗构造穹窿所留下的图样，他努力把它变成现实。并且在米开朗琪罗死后，也正是他，按照他已故好友的遗愿监督工程的进度。但是，米开朗琪罗给他写过无数封激动的信，他的友情已等同于爱情的疯狂，他是趴在泥尘里向偶像倾诉的。

米开朗琪罗称他是“一个无与伦比的天才，一抹灵光，时代的光明”。他请求他“千万不要轻视他，因为他根本比不上他，没有人可以和他相提并论”。（表现出米开朗琪罗对卡瓦列里的欣赏。）米开朗琪罗把自己的现在与未来一同托付给他。米开朗琪罗说：“这对于我是一件无穷痛苦的事，我无法把我的过去也托付给你，以让我能更长久地为你服务，毕竟未来太短促，我已经老了……我相信我们的友谊是牢不可破、坚不可摧的，当然这样说有些冒昧，因为我还在你之下。我可以忘记你的名字，就像忘记我赖以生活的粮食一样，的确，我比较容易忘记乏味地支撑我肉体的食粮，但不能抹去支持我肉体与灵魂的你的名字，它给我带来了无比的甜蜜甘美，所以每当我想起你，我就不会感到痛苦，也不害怕死。我把灵魂全部交付在一个人手里了……我必须停止想念他，否则我会马上去死。”（表现了米开朗琪罗对卡瓦列里诚挚的感情，这份感情是牢不可破的。）

米开朗琪罗赠给卡瓦列里最精美的礼物，“令人惊叹的素描。用红黑铅笔画成的头像，是他在教他学习素描时潜心画成的。其次，他还送过他一座《被宙斯的翅翼举起的甘尼米》，一座《提提厄斯》和许多其他美妙绝伦的作品”。

米开朗琪罗曾写过十四行诗送给他，大多是暗晦的，也有一些很美。其中的一部分，很快就在文学团体中广为传诵，甚至整个意大利都在吟咏。有人说下面这首是“意大利 16 世纪最美的抒情诗”：

你的慧眼，让我看到被我的盲目遮蔽的光明；
你的双足，为我疲惫的双足承担起重荷；
你的精神，使我觉到凌空而起的飞升。
我所有的意志都被你的意志所包围，
我的思想形成于你的心中，
我的言语在你的喘息中吐露。
孤独的我，如月亮一般，
只有依靠太阳的照射才能现于天际。

另外一首十四行诗更著名，是对完美友情的最好赞颂：

如果两个相爱的人之间存在着纯洁的爱情，
极度的虔敬和一样的命运，
如果命运无情地打击其中一个同时也打击另一个，
如果两颗心被同一种意志一种精神统治，
如果两个肉体中的一颗心灵化为永恒，
把两个人用同一双翅膀挟带上天，
如果爱神用一支箭同时射中了两颗心，
如果大家相爱，假如大家不爱自己，
如果两人渴望他们的快乐与幸福必须得到那样的结果，
如果千万的爱情还不抵他们爱情的百分之一，
那么一个小小怨恨的动作会不会就让他们永远分开？

这种暂时的遗忘，这种将自己的所有生命与爱人的所有生命融为一体的热情，并不永远安宁无波澜。忧郁再次成为主宰，而被爱情主宰的灵魂挣扎着呻吟："我燃烧，我折磨自己，我哭泣，我痛得死去活来……"

他还对卡瓦列里说："你带走了我所有的生的欢乐。"

对于这些过于炽烈的诗，"被爱的仁慈的主"卡瓦列里却报以安详的冷静。他暗自为这种夸张的友谊而感到难为情。米开朗琪罗请求他的饶恕："亲爱的主，请不要为我的爱情而生气，这爱情全都是奉献给你完美无瑕的品德的，因为一个人必须用灵魂去爱慕别人的灵魂。我所渴望的，以及我在你美丽的容貌上所收获的，绝对没有其他人可以了解。谁要明白它就必须先了解死。"（表现了米开朗琪罗对卡瓦列里那诚挚的爱，这种爱在世人的眼中是很难被理解的。）

这种对美的狂热爱慕确实真诚，不过这悍乱热烈但却纯洁的爱情的对象，没有表现出任何的疯狂与不安。

在一些年月的心力交瘁之后，在绝望之余努力要否定他生命的虚空，同时创出他所向往的爱，幸好有一个女人用平静的感情来安慰他，她理解这迷失在世界上的孤独的老孩子，她把一些平静、信心、理智与凄凉的接受生或者死的准备，重新注入了这苦闷欲绝的灵魂。

在1533至1534年间，米开朗琪罗对于卡瓦列里的感情几乎达到了沸点。（承接上文，启示下文，起到过渡的作用。）

1535年，他结识了维多利亚·科隆娜。她生于1492年。她的父亲法布里齐奥·科隆纳，是塔利亚科佐亲王。她的母亲，就是乌尔比诺亲王的女儿，阿涅斯·特·蒙泰费尔特罗。维多利亚·科隆娜是受文艺复兴精神影响最深刻的一族。（介绍了维多利亚·科隆娜的出生环境和家庭背景。）她17岁时，嫁给佩斯卡拉侯爵、大将军弗朗切斯科·特·阿瓦洛。她爱他，但却得不到他的爱，毕竟她长得不美。在小型浮雕像上，人们可以看到她男性化的面貌，流露着坚强的严峻的意志。高额头、鼻子又长又直，上唇较短，下唇略微向前突出，嘴巴紧闭。（呈现了维多利亚·科隆娜的外貌特点，将她男性化的面容呈现在读者面前。）认识她并且曾为她作传的菲洛尼科·阿利尔卡纳塞奥也曾表示过她是丑陋的，尽管他的说法非常含蓄："当她嫁给佩斯卡拉侯爵的时候，由于没有美貌，她正尽力充实着自己的思想，她努力地想得到文学的永恒的魅力，不像其他会消逝的魅力一样。"她是热情地对待智慧的事物的女子。她曾在一首十四行诗中写道："卑俗的感官，毫无疑问会形成一种和谐，并产生心灵高贵纯洁的爱，它们无法点燃她快乐与痛苦的情绪……鲜明的火焰，把我的心升华得崇高而不可及，所以卑下的思想会相形见绌。"其实她在任何方面也不配享受那豪放纵欲的佩斯卡拉的爱。可是，爱的盲目却使她爱上了他，为他痛不欲生。

整个那不勒斯都知道，她的丈夫在他自己的家里就欺骗她，以至，这给她带来了残酷的痛苦。但是，当她丈夫在1525年死去时，她也并没有如释重负，她遁入空门，赋诗自娱。她将自己交给了修道院，先是在罗马，后来在那不勒斯，不过她最终并没有真正从思想上遁入空门。她寻求孤独只是为了在诗歌中陷入她所梦想的已逝爱情的完全包围。她保持着和意大利所有大作家萨多莱特、贝姆博、卡斯蒂廖内等人的联系。卡斯蒂廖内把他的著作《侍臣论》托付给她，阿里奥斯托也在他的《疯狂的奥兰多》中为她唱赞歌。（维多利亚的思想并没有遁入空门，她寻求孤独是为了更好地陷入诗歌中的爱情。）1530年，整个意大利都流传着她的十四行诗，在当时家中只有她享有这种荣耀。她默默地生活在伊斯琪亚荒岛上，在日月和谐的海涛声中不停地歌唱她那忘记中的爱情。

不过从1534年起，她彻底被宗教打败了。基督旧教在避免教派分裂的前提下，进行的改革与澄清的运动把她鼓动了。我们无法知道，她是不是在那不勒斯认识了胡安·特·瓦尔德斯。不过她的确被锡耶纳的奥琪诺的宣道所鼓动。（表现出维多利亚已经被宗教改革运动鼓动，她已经无法完全遁入空门了。）她是皮耶特罗·卡尔内塞琪、吉贝尔蒂、萨多莱持、雷吉纳尔德·波莱的朋友，也是改革派最伟大的嘎斯帕雷·孔塔里尼主教的朋友。这位孔塔里尼主教曾经想和新教徒们建立一种恰当的妥协，他写过这样一些强有力的句子："自由才是基督法律的核心……所有被一个人的意志而左右的政府则不能被称为政府，因为它在本质上便倾向于恶，并且处于无数情欲的戏弄之中。不！智慧主宰着一切。他的目的在于以正当的途径引导所有服从他的人到达他们合理的目的——幸福。教皇只是一种理智的权威。一个教皇应该明白，他的权威所施用的对象是自由的人，他不应该按照自己的意念武断行事，或豁免，或禁止，应当只依据理智的规律、神的命令、爱的原则而采取第一项行动。"

维多利亚，是全意大利理想主义思想领袖中的一员。她与勒内·特·费拉雷与玛格丽特·特·纳瓦雷们通信，她被后来变成新教徒的皮耶尔·保罗·韦尔杰廖称为"一道光的真理"。不过当残酷的卡拉法所领导的反改革运动开始时，她就陷入了恐怖的怀疑之中。她同米开朗琪罗一样有着怯弱而又热情的灵魂。她需要信仰，并且无法抗拒教会的权威。"她吃斋、绝食、苦修，所以她全身上下除了筋骨之外就只剩下一层皮。"她的朋友，波莱主教让她控制她自己智慧的自豪，由于神而忘记她自己的存在。这样她才微微重新获得了一些平和。她凭着自己牺牲的精神来做这一切……不过她牺牲的还不止她自己！她还牺牲了她的朋友，她牺牲奥琪诺，把他的文字交给罗马裁判异教徒的机关。像米开朗琪罗一样，这伟大的心灵在恐惧面前崩溃了。她用一种绝望的神秘主义来掩藏自己良心上的不安："你看到我在错误的陷阵里迷了路，被愚昧的混沌所包围，肉体永远为寻觅休息而劳碌，灵魂永远为寻找平和而骚乱。神让我看清了我的毫无用处，让我知道只有基督才是一切的根源。"（生动形象地表现了维多利亚内心的不安。）

她像渴望解脱一样地渴望着死亡，1547 年 2 月 25 日她终于离世了。

就在她受瓦尔德斯与奥琪诺的神秘主义毒害最深的时代，她与米开朗琪罗相识了。这女子，悲痛的、苦闷的，永远需要有人当她的依靠，同时也永远需要一个比她更不幸更脆弱的人，让她可以在他身上发挥充斥于她心中的母爱。她在米开朗琪罗面前掩藏着内心的惊惧，而做出宁静、拘谨的样子，她把自己这种有求于他人的平和，传递给米开朗琪罗。他们的友谊，1535 年开始，1538 年逐步亲密，但完全是被笼罩在神的领域之内的。维多利亚 46 岁，他 63 岁。她住在平乔山岗之下的罗马圣西尔韦斯德罗修道院中，米开朗琪罗住在卡瓦洛岗附近。他们每到礼拜日，就在卡瓦洛岗的圣西尔韦斯德罗教堂中见面，听修士阿姆布罗焦·卡泰里诺、波利蒂诵读《圣保罗福音》，然后一起讨论。葡萄牙画家弗朗西斯科·特·奥兰达曾在他的四部绘画随笔中，真实地记录下了那些场景。他的记录把庄重而又温柔的友谊描述得感人至深。（展现了米开朗琪罗和维多利亚见面的场景，他们一起讨论关于宗教的话题。）

弗朗西斯科·特·奥兰达第一次来到圣西尔韦斯德罗教堂时，佩斯卡拉侯爵夫人正同几个朋友在那里聆听诵读圣书。米开朗琪罗并不在场。

圣书诵读完毕，侯爵夫人带着可人的浅笑对画家说道："弗朗西斯科·特·奥兰达一定更喜欢听米开朗琪罗讲话。"

这句话伤害了弗朗西斯科，他回答道："夫人，怎么，你认为我只有美术方面的感觉吗？"

"弗朗西斯科先生，别想这么多，"拉塔齐奥·托洛梅伊说，"侯爵夫人的意思其实正是坚信画家对于一切都具有敏锐的感觉。我们意大利人对美术是非常尊崇的！不过她说这句话，也许会让你在听米开朗琪罗谈话时感到格外愉快。”（真实地还原了弗朗西斯科和侯爵夫人的对话，从中能够看出意大利人对艺术的欣赏。）

弗朗西斯科向夫人道歉。

侯爵夫人吩咐一个仆人：“去告诉米开朗琪罗，就说宗教仪式已经完了，我正和托洛梅伊先生留在这教堂里，凉快得很，如果他有一些时间，我们将十分欣慰。”“还有，”她太了解米开朗琪罗的脾气了，于是补充道，“不要告诉他葡萄牙人弗朗西斯科·特·奥兰达也在这里。”（由此看出侯爵夫人的细心体贴和她对米开朗琪罗的在意。）

他们一边等待仆人回来，一边讨论怎样才能不知不觉地把米开朗琪罗引到美术的话题上来。因为他一旦察觉他们的用意，就会立刻中止谈话。

“当时有好一阵儿大家都不说话，后来有人敲门了。仆人这么快就回来了，以至于我们还以为大师不会来了。不过米开朗琪罗那天刚好一边和他的学生乌尔比诺谈论哲学，一边往圣西尔韦斯德罗走。那个仆人在路上遇到了他就把他带来了。这时，站在门口的就是他。侯爵夫人站起来跟他说了好长时间的话，然后才请他在她和托洛梅伊之间坐下”。

弗朗西斯科·特·奥兰达就在他旁边坐着，不过米开朗琪罗一点儿也没有注意，他对此非常不满。弗朗西斯科狠狠地说：“哼，要是想逃避一个人，最好的办法，就是直接站在他面前。”

米开朗琪罗惊异万分地望着他，随即客气地向他道歉：“真对不起，弗朗西斯科先生，我一直在看侯爵夫人，所以才没有注意到你，请你别介意。”（呈现了米开朗琪罗和弗朗西斯科的对话，表现出米开朗琪罗的礼貌。）

侯爵夫人稍稍停了一下，然后用一种美妙的艺术，开始与他聊各种话题，谈话婉转得滴水不漏，一点儿都不提及美术。就好像一个人围攻一座防守严密的城，打的战役进行得非常艰苦，而且还用了非常巧妙的艺术手腕。米开朗琪罗就好比一个被包围的人，孔武有力，防范周密，设置了许许多多吊桥、守垒、陷坑。但是侯爵夫人仍然取得了最后的胜利。的确，没有人可以与她抗衡。（将侯爵夫人和米开朗琪罗比喻成攻守双方，这个对比描写让整个传记变得十分轻松有趣。）

她说：“这样说来，必须承认当我们用同样武器、也可以说是策略去袭击米开朗琪罗时，我们将永远是被征服者。如果他并不开口，托洛梅伊先生，而挑起最后一个话题的是我们，那么，我们就和他谈讼案，谈教皇的敕令，或者……美术。”

这样巧妙地一转，就扯起了艺术的话题。维多利亚用热情和诚恳去说服米开朗琪罗，以至于后来他竟然勇敢地首先谈起了虔敬这个问题。

侯爵夫人说：“我还没有勇气向你提出这么大的要求，虽然我知道在很多方面你都听从救世主抑强扶弱的教导……所以，认识你的人敬重米开朗琪罗的为人，远远胜过敬重他的作品。不像那些不认识你的人赞美你最薄弱的部分，也就是出自你双手的作品。但多次置身场外，不加入我们的恶俗的谈话，这我很赞赏，而且你也不会专画那些有求于你的达官显贵王公卿相，而是要把你的一生彻底奉献给一件至高无上的作品。”（从侯爵夫人的语言中，我们能够看出她十分赏识米开朗琪罗，同时她把话题渐渐引向艺术。）

对于这些动听的话，米开朗琪罗礼貌地道谢，并且同时表示他对那些嚼舌头的人与闲极无聊的人的痛恨。比如诸侯或教皇，自以为他们的地位可以压倒一个艺术家，却不知拼掉他的老命也无法完成一个艺术家所创下的功业。

随后，他们又谈起了艺术最崇高的题材。侯爵夫人和米开朗琪罗一样，也把一件艺术品当作信心的表现。

米开朗琪罗说：“一幅好的画，与神贴近和神相依……可以说是神的美妙的抄本、神的画笔的留痕、神的歌声、神的韵律……所以，一个画家不应满足成为伟大与高超的大师。我认为他应该追求神圣的、纯洁的生活，让神明的精神照耀他的思想之路……”（表现了米开朗琪罗内心真实的想法，他一直向往的都是神圣而纯洁的生活。）

他们就这样在圣西尔韦斯德罗教堂里，用和谐严肃的对话来打发光阴。偶尔，朋友们也乐于去花园里玩玩，正像弗朗西斯科·特·奥兰达所写的那样：“坐在石凳上，周围有喷泉的围绕，上面是桂树的荫庇，墙上还有碧绿的藤蔓。”（借用弗朗西斯科·特·奥兰达的话说明侯爵夫人与米开朗琪罗的相处方式，他们之间是那样的纯洁和美好。）他们居高临下，整个罗马城铺开在他们的脚下。不过这些美妙的谈话通常很短暂。佩斯卡拉侯爵夫人所经受的宗教苦闷，是这些谈话突然中止的原因。她

1541年离开罗马，在奥尔维耶托过着封闭式的生活，然后去了维泰尔贝地方的修道院。

“但是她经常离开维泰尔贝回到罗马来，不过只是为了看望米开朗琪罗而已。她神明一样的心地感动了他，使他的精神得到了抚慰。她给他写了许多信，每一封信的字里行间都充满一种温柔的圣洁的爱情。也只有这样，一个高贵的灵魂才写得出那样的信。”

“按照她的意思，他做了一个离开了十字架的裸体基督像，看上去好像如果没有两个天使的扶持就会倒下地一样，圣母坐在十字架下面哭泣着，双臂张开着，伸向蓝天。由于怀有对维多利亚的纯洁爱情，米开朗琪罗还画了一个十字架上的基督像，但却是活着的基督，正向他的天父高喊着‘Eli！ Eli！’，肉体并没有显出倒塌的倾向，却在最后的痛苦中默默地颤抖着、挣扎着”。

如今在法国卢浮宫与英国不列颠博物馆各收藏有一张《复活》，那就是米开朗琪罗受维多利亚的影响而创作的作品。卢浮宫的那张，激奋的基督大力士一样地推开墓穴的石板，双腿还埋在泥土中，昂着头，举着臂，激情咄咄逼人，这情景让人不由得联想到《奴隶》。离开这世界，离开他所鄙视的惊慌的人群！回到神座旁边！终于，从这无味的人生中脱离出来了！不列颠博物馆中的那张素描比较平和，基督已经出了坟墓：他的健壮的身体在天空飘浮，手臂交叉，头往后仰，双目紧闭，仿佛在出神，他像一缕日光一样飞升到光明中去。（介绍了米开朗琪罗的作品《复活》和《奴隶》。）

于是，维多利亚继续为米开朗琪罗在艺术上充当引路使者。后来，她激励米开朗琪罗那被卡瓦列里的爱情唤醒了的天才。她不仅使米开朗琪罗在他对于宗教的模糊感觉中得到许多启示，而且尤其给了他一个榜样，教他在诗歌中尽情倾泻对宗教的热忱。维多利亚一面写，一面寄给她的朋友。《灵魂的十四行诗》就是他们友谊初期阶段的见证。

这些诗让他感到慰藉、感到了柔情与生命力的存在。他与她唱和的一首十四行诗就表达了他对她极大的感激：

快乐的精灵，
滚烫的爱情，

我衰老垂死的心因此而保持着生命。
在你的财富与欢乐之中，
有那么多高贵的灵魂，
可只有我一个得到你的垂青，
过去你是那么地出现在我面前，
如今你又这样地铭记在我心底，
只是为了给我慰藉。
因此，被天使般善良的你想念着，
你记得我在忧郁中沉浮，
我为了感激你而写下这几行诗。

如果说我给你的可怜的绘画可以回报你恩赐我的美丽与生动的创造，

那就是我厚颜无耻了。

1544年夏，维多利亚再次回到罗马，后来就在那里去世了。她住在圣安娜修道院中，米开朗琪罗常去探访她。她强烈地想念他，并且希望他的生活过得更有趣更舒服，于是悄悄地送他许多小东西。可是这位老人疑心却重，“不肯接受任何人的礼物”，连最爱的人也不例外，他回绝了她的礼物。

她终于死了，她在他前面死了。看看下面他说的这几句话，就可以看出他们贞洁的爱情有多么的拘谨保守：“我眼睁睁地看着她闭上眼睛，但我却没有吻她的额，就像我亲她的手一样，一想到这里，就觉得悲哀无比！”（表现了米开朗琪罗和维多利亚之间贞洁的爱情，他们没有任何违背道德规范的举动。）

据孔迪维说，“维多利亚的死，让他呆滞了很久，好像一切知觉都消失了”。

“她对于我真的是一件无价之宝，”后来他悲哀地说，“死亡残酷地夺去了我的一个挚友。”（表现了维多利亚对米开朗琪罗的重要性。）

他为她的死写了两首十四行诗，一首完全受柏拉图式思想的影响，显现出他疯狂的理想主义的诗，就像一个被闪电照彻的黑夜。米开朗琪罗认为维多利亚如同一把神明的雕塑家的锤子，把了不起的思想从物质上锤炼出来：

我手拿粗笨的锤子，
把坚硬的岩石一会儿斫成一个形象，
一会儿又斫成另一个形象，
这是因为锤子在手的把握与指挥中，
从手那里接受指令，
受着一种莫名力量的驱使。
神明的锤子，却是用它唯一的力量，
在另一个世界创造它自己的美和一切其他的美。
再也没有其他任何一柄锤子可以不受手的控制而自行创造，
只有这一柄，让一切都有了生气。
锤子举得高，所以锤击的力量很强。
因此，如果掌握神明的锤子的那双手能够帮助我，
我的作品肯定能因此而达到完美的结果。
在人间，至今，只有她一个。

另一首十四行诗则非常温柔，是爱情对于死亡的胜利宣言：（这是一个十分明显的过渡句，承接上文，启示下文。）

当那个曾引来我无数声叹息的她离开了世界，
离开了她自己，
从我眼中永远消逝了的时候。
“自然”觉得羞耻，而一切见过她的人都在哭泣！
不过死亡啊，你先别得意忘形，
不要以为你把太阳战胜！因为爱情是不可战胜的，
爱情让她获得永生，
在地下、在天上、在圣者身边重生了。
可悲的死亡以为掩蔽了她品质的回音，
就可以抹杀她灵魂的美。
她写下的诗句却恰恰相反：
它们把她照耀得更灿烂，
她竟然在死后征服了天国。

在这份平和而端庄的友谊中，米开朗琪罗完成了他绘画和雕塑生涯中最后的杰作《最后的审判》、保利内教堂壁画，还有于勒二世陵墓。

1534年米开朗琪罗离开翡冷翠前往罗马定居，他想，科赖芒七世之死使他摆脱了其他所有工作，他终于可以潜心一意地完成于勒二世的陵墓了；而且，他放下了良心上的重负之后，就可以安安心心地了却终生。但是他一到罗马，就被新主人牵绊住了。（米开朗琪罗的计划再一次破灭了，他是注定为工作而生的。）

“保罗三世召唤他，要求他的侍奉。……米开朗琪罗拒绝了，说他不愿这样做，毕竟由于签下了契约，他在完成尤利乌斯二世的陵墓之前，不得不受着乌尔比诺大公的制约。于是教皇愤怒地说：‘30年来我都有这个愿望，现在我成了教皇，这个愿望还不能实现么？毁掉那契约。不管怎样，我都需要你在身边。’”（表现了教皇的愤怒和他强迫米开朗琪罗的行为，看出了他的蛮横。）

米开朗琪罗又一次想到了逃亡。“他想躲避到杰内附近的一所修道院中去，他跟那里的阿莱里亚主教很要好，跟于勒二世也比较要好。也许他能在那边顺利地完成他的作品。他也想要逃到乌尔比诺地方，那个地方很安静，也是于勒二世的故乡，他以为当地的人也许会因为怀念于勒而善待他。他甚至事先派了一个人去，到那里买下了一幢住房。”

然而，正当要下定决心时，他又没有了勇气，他开始权衡这种行动的后果，他用永远的梦幻、永远不可能实现的梦幻来欺骗自己。他终于低头了，他再次受到了别人的牵制，将那份沉重的工作进行到底。

1535年9月1日，保罗三世下达了一道命令，让他做圣彼得的建筑绘画雕塑总监。从四月开始，米开朗琪罗着手《最后的审判》的工作。从1536年4月到1541年11月，也就是当维多利亚在罗马居留的期间，他全心全意地经营着这份工作。1539年，也就是在这项工作的进程中，老人从脚手架上摔下，腿部受了重伤。（介绍了米开朗琪罗做《最后的审判》的时间和制作过程中所遭遇的伤害。）“他又是痛楚又是愤怒，不愿让任何医生诊治。”他看不起医生，当他听说他的亲人没有得到他的允许就四处为他寻医问药时，在信件中表达了自己可笑的迷惑。

“他摔伤之后，幸好他的朋友、翡冷翠的巴乔·隆蒂尼是一个经验丰富的医生，而且对于米开朗琪罗相当忠诚，他哀求他，主动去叩他的家门。没有人接应，他就上楼挨个房间去找，一直找到米开朗琪罗睡着的那间。米开朗琪罗看见他来，眼睛里满是失望，不过巴乔在他康复之前是无论如何也不肯离开的。”（从这段话中能够看出米开朗琪罗的无奈，同时表现了巴乔对他的关心，证明在这个世界上还有很多人关心在意他。）

像过去的于勒二世一样，保罗三世也来看他作画，提出意见。由司礼长切塞纳陪同着，教皇征询他对于作品的意见。听瓦萨里说，他这个人相当刻板，宣称在这样一个庄重的场所展现这么多猥亵的裸体是十分不可取的。他说，这只配用来装饰浴室或旅店。

米开朗琪罗怒火中烧，等切塞纳走后，他把记忆中的切塞纳画成了肖像，把他放在地狱中，画成判官米诺斯的样子，让恶魔群中的毒蛇缠住他的腿。切塞纳跑到教皇前面去诉苦。保罗三世幽默地说：“如果米开朗琪罗把你投入了监狱，我还能想办法救你出来；可是他把你放在地狱里，那我就无可奈何了。在地狱里还有什么拯救的办法呢？”（表现了教皇的幽默，对于切塞纳的控诉他采取了戏谑的态度，从中能够看出他对米开朗琪罗的偏袒。）

不过不止切塞纳一人认为米开朗琪罗的绘画猥亵。当时意大利正在提倡贞洁运动，而且不久之前韦罗内塞由于作了CenechezSimon(《西门家的盛宴》)一画而被告上了异教法庭。许多人士齐声高呼说是有伤风化，其中数拉莱廷叫嚣得最厉害。这个淫荡的人想教训教训圣洁的米开朗琪罗。他无耻地给他写了一封信，责备他“描绘连一个娼妇都羞于观看的东西”，他又向异教法庭控告他大不敬。他说，“因为，破坏别人的信仰比自己不信仰罪恶更深重”。他请求教皇毁灭这幅壁画。他在控诉状中说米氏是路德派的异教徒，最后还说他曾偷盗于勒二世的钱。（表现了拉莱廷对米开朗琪罗的诋毁和蔑视，他的行为触痛了米开朗琪罗的内心。）这封信逐一污辱了米开朗琪罗灵魂中最深刻的部分——他的虔敬、他的友情、他爱惜荣誉的情操。米开朗琪罗在读这封信时不由得露出了轻蔑的微笑，他对它淡然处之。无疑地，他想：“对于他们的胜利是无足重轻的，他们不值得去打击。”而当拉莱廷与切塞纳两人对于《最后的审判》的见解渐渐占得一定地位时，他也毫不搭理，也不想阻止他们。什么也不说，哪怕他的作品被视为“路德派的秽物”。当保罗四世要把他的壁画除下时，他什么都不说；当达涅尔·特·沃尔泰雷受了教皇之命来为他的英雄们穿上裤子的时候，他也一言不发。（表现了米开朗琪罗对于大家的侮辱所表现出的淡定从容的态度。）人家征求他的意见，他毫无怒气地回答，混杂着怜悯与讥讽的情绪：“告诉教皇，说这是一件小事情，很容易处理的，如果陛下也愿意把世界都处理一下。处理一幅画是不必费多大心力的。”他明白他是在何等热烈的信仰中完成这件作品的，在和维多利亚·科隆娜的宗教谈话的感应中，在这颗洁白无瑕的灵魂的保护下。去向那些污浊的猜度与下流的心灵讲述他在裸体人物上所寄托的英雄情感，他为此感到耻辱。

西斯廷的壁画完成了，米开朗琪罗以为他终于完成于勒二世的纪念物了。意犹未尽的教皇却还逼迫这年已七十的老人作保利内教堂的壁画。他能完成于勒二世墓上的几个雕像已是很不容易了。他和于勒二世的继承人签订最后一张也就是第五张契约。根据这张契约，他交出终于完工的雕像，又花钱请两个雕塑家最后收尾。于此，他终于推掉了他的所有责任。（交代了西斯廷壁画的完成，这预示着于勒二世陵墓修建工作的完成。）

不过，他的苦难并没有结束，于勒二世的后人时常向他要求偿还过去他收的钱。教皇派人告诉他说专心做好保利内教堂的壁画，不要管这些事情。他很气愤地回答：“不过我们不是用手而是用脑子作画的啊！不明白自己的人不知荣辱，因此一旦我心上有什么事情，我就做不出好的东西……一辈子同这个坟墓联系在一起。为了在利奥十世与科赖芒七世之前解决此事我甚至葬送了自己的青春，我太讲良心太过认真以至于彻底毁灭了我自己。命该如此！有多少人每年可以得到两三千金币呀！但我，历尽苦难，还是穷苦……人家还说我是小偷！不说在神前了，就在人前，我也算是一个诚实之人……人家还说我是小偷……我出身高贵，我是翡冷翠的贵族……被迫在恶人面前捍卫尊严，我受不了，简直成了一个疯子……”（对于教皇的催促他表现得非常气愤，这一行为使他宣泄出埋藏在内心已久的愤懑。）

为了对付他的敌人，他亲手把《行动生活》和《冥想生活》这两个雕像完成了。尽管契约上并没有要求他这么做……

1545 年 1 月，在温科利的圣彼得寺终于建成了于勒二世的陵墓。美好的原计划又在这里留下了什么痕迹呢？（使文章的句式更加灵活多变。）中心雕像《摩西》原先只打算做成一座陪衬的雕像。是伟大原计划的速写版！

不过，总算完了。米开朗琪罗摆脱了纠缠他一生的噩梦。

二、信心与坚持

维多利亚一死，他就感到了渗透全身的疲乏，于是他想回到翡冷翠，在老父亲身旁休息。（交代了米开朗琪罗此时内心的意愿。）他在活着的日子里已经侍候过了好几代教皇，如今他老了，他只想一心一意侍候神。也许是他的女友给了他勇气，使他坚持要完成最后的心愿。1547 年 1 月 1 日，离维多利亚·科隆娜的逝世还有一个月的时间，保罗三世派他担任圣彼得大寺的建筑师兼总指挥，他很轻松地上任了。这是他一生中担任的最重要的职务。

“不少人觉得，我也这么想，是神把我安排到这个位置上来的，”他写道，“不管我有多大岁数，我也要接受它，因为我全心全意地爱着神，并且愿意为他效命。”

他担任了这项伟大的使命，却不肯收取任何报酬。

在这件事的进程中，他又碰到了不少阻碍，首先是桑迦罗一派，以及另外一些工作人员、供奉者和包工头，桑迦罗对他们的恶行视而不见、充耳不闻，但米开朗琪罗却无情地揭发了他们。（表现出了米开朗琪罗在这项任务进行中遇到的困难和受到的责难。）

“米开朗琪罗，”瓦萨时里说，“从窃贼与强盗手里救出圣彼得。”

他的敌人们组成了一个联盟。那个在瓦萨里看来是盗窃了米开朗琪罗的成果却又想排斥他的无赖，建筑师南尼·迪·巴乔·比焦，就是头领。一时间谣言四起，说米开朗琪罗在建筑上完全是外行，只懂得破坏和浪费。1551 年，圣彼得大寺的行政委员会发起了一个正式的查办委员会，也开始批判建筑师，也就是唆使教皇主席、监察人员与建筑工人都来控诉米开朗琪罗，而萨尔维亚蒂主教和切尔维尼主教又站在那些控诉者一边。米开朗琪罗几乎不想说什么，他不愿跟那些人理论。

他对切尔维尼主教说：“我不需要告诉你或其他任何人我要做什么。你只负责管理财务支出，别的什么你都别管。”

他生来具有一种优越感，从不肯告诉别人自己的想法。他答复那些抗议的工人道：“你们是泥水工、斫工、木工，你们要做的事就是听我的话。”（表现了米开朗琪罗独特的处理非议的方式，而这一切也为他招来了更多的麻烦。）

他的敌人们一点儿也不让步，而这种斗争，有时却会带来悲惨的后果。1563 年，米开朗琪罗最得力的助手加埃路在圣彼得工程中，被抓进了监狱，并被加上盗窃的罪名；他的工程总管切萨雷又遭人暗杀。米开朗琪罗出于报复起见，便让加埃塔接管切萨雷的工作。行政委员会赶走了加埃塔，而任命米开朗琪罗的敌人南尼·迪·巴乔·比焦接替他的工作。米开朗琪罗非常生气，不再到圣彼得工作了，于是又有人散播流言说他辞职了。委员会派南尼去代替他，南尼竟真的立刻做起了主人。他想方设法使这位 88 岁的病危老人灭绝希望，但这是因为他不了解他的敌人。米开朗琪罗立刻去见教皇，说如果不替他主持公道他将离开罗马，以此威胁教皇。他坚持要做一个新的调查，证明南尼的无能与虚伪，然后把他赶走。这是 1563 年 9 月，离他逝世还有四个月。就这样，他与嫉妒和怨恨做斗争，一直持续到了生命的尽头。

在他的童年中，除了圣彼得那件大作之外，还有其他的建筑工程，如京都大寺、圣玛里亚·德利·安吉利教堂、翡冷翠的圣洛伦佐教堂、皮亚门，特别是翡冷翠人的圣乔凡尼教堂，像其他作品一样是流产的。（介绍了米开朗琪罗在童年时代没有完成的一些作品。）翡冷翠人曾经恳求他在罗马建造一座代表本民族的教堂。翡冷翠人在拿到了图样之后，丝毫不加改动。米开朗琪罗的一个朋友蒂贝廖·卡尔卡尼在他的指导之下，制作了一个教堂的木模型，“这是一件极为稀有的艺术品，不管是在美丽、在华贵，还是在多变方面，人们都从未见过同样的教堂。人们开始建造，花了五千金币。后来，随着资金的缺乏，工程也中止了，米开朗琪罗为此而感到极度强烈的悲痛”。（通过瓦萨里的话，介绍了圣乔凡尼教堂。)教堂永远没有造成，甚至连那木模型也找不到了。这是米开朗琪罗艺术生涯中最后的失望。

维多利亚的死带走了他生命中所有的激情。爱情已经逝去了，“我心头的爱火已熄灭得无影无踪，最重的病(衰老)永远胜过最轻微的、我折断了翅膀的灵魂”。(表现了米开朗琪罗对维多利亚沉痛的哀悼。)他失去了他的兄弟和挚友。卢伊吉·德尔·里乔死于1546年，皮翁博和乔凡、西莫内也在后来两年里相继死去。他最小的兄弟西吉斯蒙多，一向与他没什么来往的，亦于1555年死去了。

他和他的侄子们发泄着心中的家庭之爱和暴躁的情绪，那侄子也就是他最爱的兄弟博纳罗托的孩子们。他们是一男一女，男孩叫利奥那多，女孩叫切卡。米开朗琪罗把切卡送到修道院，供养她的一切生活费用，并时常去看她。她结婚时，他还给了她一部分财产作为嫁妆。利奥那多的受教育情况，这个孩子9岁时失去了父亲，冗长的通信令人联想到贝多芬与其侄儿的通信，由此可见他是怎样严肃地扮演着父辈的角色。但他也时常发火，利奥那多常常考验他伯父的耐心，而实际上这耐心非常经不起考验。青年潦草的字体已足够使米开朗琪罗暴跳如雷，他把这当作侄儿没礼貌的表现：

每次收到你的信，还没开始读我的火气就会上升。我不知你的字是怎么学的！一点儿也不恭敬！我相信如果你的信是写给世界上最大的一头驴子，你一定(会更小心地对待)……你最近的来信我都已烧掉了，因为我根本无法看懂。自然我也没法回信。我已经跟你说过，现在还要重复一遍，每次我收到你的信，在开始读它之前，我的火气就上升了。我以后再也不想看到你的信了。如果你要告诉我什么事，就去请一个会写字的人代笔吧，因为我的脑力还要用来考虑别的事情，我不能浪费精力去猜想你凌乱不堪的字迹。(引述了米开朗琪罗给侄儿的信，从中能够看出他对侄儿十分严厉。)

他生性爱猜忌，而兄弟们的纠葛更让他疑心，因此他并没有在意侄儿讨好与卑恭的表现。他认为这完全是小孩子的乖巧，因为他知道将来要继承他的遗产。米开朗琪罗忍不住对他直说了。(形象地烘托出了米开朗琪罗的性格特点。)

有一次,米开朗琪罗得了重病,生命即将结束时,他听说利奥那多到了罗马,并且做了几件不应该做的事情,他就非常恼怒,写信给他:

利奥那多!我就要死了,可你却跑到弗朗切斯科先生那里去打听我的遗产。你在翡冷翠挥霍我的钱还不够么?你欺骗家人是不对的,你也不要向你的父亲学习,是他把我从翡冷翠家里赶走的!现在我要告诉你,我已做好了一个遗嘱,上面已经没有你的名分了。去吧,侍奉神去吧,我再也不想见到你,也永远不想看到你的再次来信!(表现出了米开朗琪罗对侄儿行为的愤怒。)

利奥那多对这些愤怒并没有特别的反应,因为发怒的信后通常是亲切的话语和礼物。一年之后,他再次来到罗马,因为米开朗琪罗曾许诺赠给他三千金币。他这种急躁让米开朗琪罗非常恼火,他写了一封信:

你那么急匆匆地赶来罗马。如果我是个穷光蛋,连面包也没有,那么,不知你会不会同样迅速地赶到。……你说来这里是因为爱我,是你的责任。是的,可这是蛀虫之爱!如果你是真心爱我,你就会对我说:"米开朗琪罗,那三千金币,你就留给自己吧,因为你给我的钱已经足够了。比起任何财产来,你的生命才是我们最珍贵的……"可是40年来,我一直供养着你们,你们却从没有说过一句好话……(米开朗琪罗是爱自己的侄儿的,所以他曾许诺给他三千金币,但是对于侄儿急切得到这笔钱的行为他还是会气愤不已。)

利奥那多的婚姻也极其令人头痛。这件事花了叔侄俩六年的时间。利奥那多只是不言不语地惦记着遗产。他接受一切建议,任由叔父挑选、讨论、拒绝一切可能的机会。看起来他倒像个事不关己的人。相反,米开朗琪罗却费尽了心机,仿佛是为自己操办婚事一样。他极其重视婚姻,却并不关心爱情。他认为在财产、健康和正派当中,后两者才是重要的。(表现出利奥那多和米开朗琪罗对待婚姻的两种不同的态度。)他迂腐地、武断地、极端地发表他苛刻的见解:

这件事情非同一般,你要记住男人与女人必须相差10岁。你的选择一定要不仅善良,而且健康才好……人家向我介绍过好几个,有的我觉得还可以,有的根本不行。你想一想,如果挑中这几个中的一个，就来信告诉我，我再给你一些建议……你可以进行自由的选择，只要她出身高贵、教养也好，而且最好没有嫁妆财产，这样你们就可以过平静的日子……一位翡冷翠人告诉我，说有人把吉诺里家的女郎介绍给你，你也很满意。我却不同意你娶她，因为要不是因为没钱陪嫁，他的父亲才不会把她女儿嫁给你呢！我愿选那种只是因为喜欢你而嫁给你的姑娘(不是喜欢你的资产)的人……你需要考虑的唯一因素就是肉体与精神的健康、血统与习气的品质，而且，还须了解她父母的来头，这一点也非常重要。……去找一个在必要时能够洗碗做饭、料理家务的姑娘做妻子。……至于长相，既然你不是翡冷翠的美男子，那么就不用着急，只要她不是残废，长得一般也没关系……(从这封信中，我们能够看出米开朗琪罗是重视婚姻的，他希望婚姻是纯洁而务实的，所以他希望侄儿能够找到一位不看重财产的姑娘。)

费了好大的劲儿才找到了稀世宝贝，然而到了最后关头，却又发现了她一个足以因此而解约的缺点："我听说她视力不好，我认为这可不是个小问题。所以我暂时还没答应她什么。既然你对她的感觉也不是特别好，那么咱们就算了吧，如果这个消息不假的话。"

利奥那多完全失望了，他现在纳闷他的叔叔为什么非要让他结婚了。

"确实，"米开朗琪罗答道，"我非常希望你结婚，你应当为我们家族延续香火。虽然我也清楚我们家族的灭亡并不会给世界带来任何影响。但作为一种动物总要繁衍后代吧，所以我是真的希望你找到一个好妻子。"(表现了米开朗琪罗对侄儿婚事的关心。)

终于，米开朗琪罗自己的耐心也耗尽了。他开始觉得总是他一腔热情地去关心利奥那多的婚姻，而他本人却漠不关心。于是他宣称对这件事他不再插手了："60年来，我一直为你们的事情忙碌。现在，我老了，该为自己考虑考虑了。"

就在这时，传来了他的侄儿和卡桑德拉·丽多尔菲订婚的消息。他送去了兴高采烈的祝贺，并答应赠送一千五百金币。

利奥那多结婚了。米开朗琪罗写去了贺喜新婚的信，并许诺赠给卡桑德拉一条珍珠项链。可是在这样的欢乐之中他仍然忧心忡忡，他告诉侄儿，虽然事情的真相他不清楚，但他觉得利奥那多似乎最好在同那姑娘结婚之前，把金钱的问题弄清楚，因为婚姻的裂变通常都是因为这个问题。（表现了米开朗琪罗的担忧。）信的末尾，他又加上了这么一段不吉利的劝告：

啊！新的生活就从现在开始吧，多动动脑子。因为寡妇永远比鳏夫多。

两个月之后，他寄给卡桑德拉的，不是许下的珍珠项链，而是两只戒指，一只是钻石的，一只是红宝石的。桑德拉向他表示了深深的谢意，并寄给他八件内衣。米开朗琪罗回信说：

它们真好，尤其是布料。可你们因此而耗费了金钱，这让我很不安，因为我什么都不缺。请代我感谢卡桑德拉，告诉她我会把在这里可以找到的一切东西都寄给她，也许是罗马货也许是其他。这一次，我寄的只是一些小东西；下一次，我会寄一些更好的礼物，但愿她喜欢。（对于卡桑德拉的关心，米开朗琪罗感到很高兴，因此他许下了更大的承诺。）

他们很快就有了孩子。第一个起名博纳罗托，这是米开朗琪罗的建议；第二个起名米开朗琪罗，但这个婴儿刚出生不久便夭亡了。而那个老叔，1556年邀请年轻夫妇去罗马，他一直跟随着这个家庭，但却从不允许他的家族关心他，甚至不许他们过问他的健康。

除了家人之外，米开朗琪罗还有其他许多著名的、高贵的朋友。尽管他性情暴躁，但却完全不同于贝多芬那样的粗野乡人。他出身意大利贵族家庭，学问渊博，交游世家。青年时代的他就在圣马可花园中和洛伦佐·梅迪契等人厮混，后来与意大利所谓最高贵的诸侯、亲王、主教、文人、艺术家都有来往。他在思想上和诗人弗朗切斯科·贝尔尼不相上下。他和瓦尔琪通信，与卢伊吉·德尔·里乔和多纳托·贾诺蒂们唱和。人们搜罗他对艺术独到的评论和见解，以及无人能企及的关于对但丁的看法。（介绍了米开朗琪罗过去的生活，证明了他的高贵。）一个罗马贵妇曾写道，如果他愿意，他可以做“一个文质彬彬、言谈得体的正人君子，人品优秀的欧洲人”。在贾名蒂和弗朗西斯科·特·奥兰达的笔记中，记载了一些有关他恰当的礼貌与交际习惯的事情。从他给亲王们写的若干信件中，更可发现他非常接近一个纯粹的宫臣。社会从未抛弃过他，反而是他常常逃离社会，要过一种完全自在的快乐生活。

他无疑是一个意大利民族天才的代表。在他一生中的最后几年，他已成为文艺复兴时期遗留的最后一颗巨星，他是文艺复兴的代表，他拥有整个世纪的光荣。不仅是艺术家们认为他超越自然，连王公大臣也在他的威望之前俯首称臣。弗朗西斯一世与卡特琳纳·特·梅迪契曾向他表示敬意。科斯梅·特·梅迪契要让他当贵族院议员，当他到罗马的时候，又以贵族的礼节迎接他，请他坐在他旁边，并与他亲密地交谈。（表现出了这些身份尊贵的人对他的敬重。）科斯梅的儿子、弗朗切斯科·特·梅迪契，把帽子拿在手中，向这样一个绝代伟人致以崇高的敬意。人们像尊敬他的智慧一样地尊敬"他高尚的道德"。他在晚年享受了和歌德与雨果差不多的荣誉。不过他却又是另一种人物。他既不像歌德那样成为家喻户晓的人，也不像雨果那样得到尊重。他藐视光荣、藐视社会，他追随教皇，只是被逼无奈。而且他还公然称自己就是教皇，在谈话时，他也时常表现出厌恶。（表现出了米开朗琪罗十分怪异的性格特点。）"就算我们命令他，如果他不乐意，就不一定会去。"

"当这样一个人因为天性与教育而变得厌恶礼仪、蔑视矫伪时，他就没有合适的生活方式了。假如他不向你提出任何要求，不在意你的集团，你又何必去追求他的呢？何必拿这些无聊的事情去烦扰他超脱的性格呢？不愿意充分发挥自己的天才而只满足于物质的人，决不是一个高尚的人。"（在语言描写中套用了设问，更充分地表达了他的看法。）

所以他和社会只在不可避免时才有接触，或者保持心灵的关系。他不允许别人参与他的亲切生活。那些教皇、权贵、文人、艺术家，只是他生活中很小的一部分。尽管他对他们之中的一小部分真的怀有好感，但是他无法与其保持长久的友谊。他爱他的朋友，宽容地对待他们；但他的好强、他的傲慢、他的猜忌，却经常让他最忠诚的朋友变成最凶狠的敌人。他曾写过这样一封悲痛而美丽的信：

可怜的薄情人有着这样的本性：假如你在拯救他于危难之中，他说他早已同样地拯救过你了。假如你为了表示关心而为他工作，他说你必须让他帮忙才能做这件工作，因为你自己无法完成。他受到了恩德，他说这是施恩的人应当做的。如果他受到了相当明显的恩惠以至于他无法否认时，他就会一直等到那个施恩者犯下一个显而易见的错误，这时，薄情人就有了说他坏话的理由，并且会推掉一切感恩的义务。人家经常这样对我。但是只要有艺术家来要求我，我都会真心诚意地给他以回报的。后来，他们因为我古怪的脾气或是疯狂，而说我是疯了，这真荒唐。于是我就被诽谤、被诬蔑，所有的好人都得到了这样的回报。（从这封信中，我们看到了米开朗琪罗的才情，同时也表现了他对那些诋毁他的人的不满。）

在自己家里，他有非常忠诚的助手，不过他们大多碌碌无为。人家怀疑是他专门找来这样的人，他只要他们驯服，而并不需要成为合作的艺术家，这种猜测也合乎情理。不过据孔迪维说："许多人说他不肯锻炼他的助手们，这是冤枉他；其实正好相反，他很乐于教导他们。不过他的助手都是一些智商低或者毅力不够的人，后者在经过了几个月的训练之后，就常常以高手自居了。"（孔迪维为米开朗琪罗申诉，证明了米开朗琪罗并不是他们说的那种人。）

当然，他对助手们提出的要求首先是绝对的服从。他对于那些桀骜不驯的人，是一点儿也不留情面的；而对于那些忠实谦恭的信徒，他却表现出无限的大度与宽容。懒惰得"不愿工作的"乌尔巴诺，并且他有充分的理由不工作，因为，他一旦工作，就时常笨手笨脚地弄坏作品，甚至弄得无可挽回，如米涅瓦各的《基督》。在一场疾病中，米开朗琪罗曾仁慈地照顾看护他，他称米开朗琪罗为"完美的亲爱的父亲"。皮耶罗·迪·贾诺托享受着"像对儿子一般的爱"。西尔斯奥·迪·乔凡尼·切帕雷洛即将从他那里转到安德烈·多里亚那里去工作时，可怜地哀求他重新收留他。安东尼奥·米尼那段动人的经历，可以用来最好地说明米开朗琪罗对待助手们的宽容大度。（表现了米开朗琪罗对助手们的关心和照顾，再一次反击了诋毁他的那些人的言论。）据瓦萨里说，米尼是他的学徒中意志最坚强但不够聪明的一个。他爱上了翡冷翠一个穷寡妇的女儿。米开朗琪罗以他慈父一样的情怀，劝他离开翡冷翠。安东尼奥想去法国。米开朗琪罗送了他许多作品：一切素描，一切稿图，《鹅狎戏着的丽达》画。（表现了米开朗琪罗对安东尼奥的关心，将自己的许多作品送给他，这些可以被称为无价之宝的作品。）带着这些无价之宝，他动身了。不过命运对米开朗琪罗的打击比他低贱的朋友更严重。他本想去巴黎把《鹅狎戏着的丽达》画呈给法王。谁知弗朗西斯一世不在京中，安东尼奥便托他的一个朋友——意大利人朱利阿诺·博纳科·尔西替他保存这幅画，之后他回到里昂居住。过了几个月，他回到巴黎，但《鹅狎戏着的丽达》已不见了。博纳科·尔西把它卖给了弗朗西斯一世，并独吞了钱财。安东尼奥又是愤怒又是惶恐，他从此没有了经济来源，因而不得不流落于这巨大的首都中，终于在1533年忧郁而亡。

在这所有助手中，最得米开朗琪罗宠爱并且因为他的爱而扬名后代的却是弗朗切斯科·特·阿马多雷，又名乌尔比诺。他是1530年开始为米开朗琪罗当助手的，他在米开朗琪罗的指导下进行于勒二世陵墓的建造工程。米开朗琪罗对他的前程异常关心。

米开朗琪罗问他："有一天我死了，你怎么办？"

乌尔比诺回答："我就去为另外一个人服务。"

"哦，可怜的孩子！"米开朗琪罗说，"我要把你从灾难中解救出来。"（表现出米开朗琪罗对乌尔比诺的器重。）

于是他一次就给了他两千金币，连教皇与帝王也没有如此慷慨地馈赠过。不过乌尔比诺倒是死在了他的前面。他死后第二天，米开朗琪罗给他的侄儿写了封信：

昨天下午4时，乌尔比诺死了。这真让我悲伤惶乱，我宁愿与他同死，那样反倒舒适，因为我对他的爱是如此深沉而他也的确值得我爱，这是一个正派的、忠实的、自尊的人。他的死令我感到我仿佛也不复生存了，我再也不能回复到原先的宁静中了。（在乌尔比诺死后，米开朗琪罗写给他侄子一封信，这封信表现了他对乌尔比诺的哀悼和他内心的悲伤。）

他的痛苦如此强烈，以至三个月之后在写给瓦萨里信中还流露出这种痛苦：

我的好朋友，波尔焦先生，烦乱的心情让我无法作书，但我仍想答复你的来信，就随便写几句吧。你知道乌尔比诺死了，这个残酷的事实令我痛苦，不过这也是神赐给我极大的恩宠。我的意思是，他活着时，鼓励我好好生存；死了，又教我理解死，并非不满地而是开心地接受死亡。他陪伴我26年，我觉得他永远是值得信赖的、忠心可鉴的。

我为他挣了一点儿钱，如今我年老了，想依靠他，他却先我而去了。我只祈求能在天国中与他相逢，在那里，神把甜美的死的快乐赐给了他，一定也把他留在了身旁。想起他，想起我还苟活在这肮脏的世界上，被无尽的烦恼困扰，这真是比死还难受的事。我最美好的部分已随他同去，只留下无限的苦难。（在这封信里，米开朗琪罗清楚地表达了他对乌尔比诺的思念，可以看出乌尔比诺的死令他痛苦不已。）

在无边无际的哀痛中，米开朗琪罗请他的侄儿来罗马看他。忧虑万分的利奥那多与卡桑德拉马上赶来了，发现他衰弱得如疾风中的一株草。（将米开朗琪罗比喻成疾风中的一株草，这个比喻形象而生动，让我们看到了他的孱弱。）乌尔比诺把照顾孩子的责任交给米开朗琪罗，这赋予他新的活力。乌尔比诺的一个儿子是米开朗琪罗的义子，取的是他的名字。

米开朗琪罗还有其他一些特殊的朋友。他好强的天性对社会的约束有着强烈的反抗，因此他喜欢和那些头脑简单不拘小节的人在一起。有一个卡拉雷地方的斫石匠叫托彼利诺，“自以为是个优秀的雕塑家，在开往罗马去的运石船上，每次都肯定有出自他手的几个小小的人像，米开朗琪罗常为之捧腹大笑”。（介绍了托彼利诺的人物特点，他常常能够使米开朗琪罗捧腹大笑。）还有一个瓦尔达尔诺地方的画家叫梅尼盖拉，常常到米开朗琪罗那里去请他画一个圣洛克像或圣安东尼像，他再着了颜色卖给乡人。而米开朗琪罗，连帝王们都难以获得他的作品，却愿意依着梅尼盖拉的指示，做那些素描。一个理发匠，也有绘画的嗜好，米开朗琪罗专门为他作了一幅圣弗朗西斯的图稿。一个罗马工人，为于勒二世的陵墓工作的，自以为在无意识中成为一个杰出的大雕塑家，由于柔顺地依从了米开朗琪罗的指导，居然在白石中雕出一座美丽的巨像，连他自己都呆住了。一个奇怪的懒惰的画家因达科，“他爱聊天的程度正等同于他厌恶作画的程度”，他常说，“一直工作，不找欢乐，是不配做基督徒的。”（介绍了因达科的特点，从中看出了米开朗琪罗身边的人各具特色。）尤其是那个可笑而天真的朱利阿诺·布贾尔蒂尼，米开朗琪罗对他有异常的好感。“朱利阿诺有一种天生的温良之德，一种纯朴的生活方式，既无恶念也无欲望，这让米开朗琪罗非常舒服。他独有的毛病就是过于看重自己的作品。不过米开朗琪罗认为这可以让他幸福，因为米开朗琪罗认为他自己无法满足是非常烦闷的……有一次，奥塔维亚诺·特·梅迪契让朱利阿诺为他画一幅米开朗琪罗的肖像。朱利阿诺着手画了，让米开朗琪罗乖乖地坐了两小时之后，说：'来，瞧，起来吧，米开朗琪罗！脸上的主要部分，我已找准了。'米开朗琪罗走过来看了一下肖像，立即大笑，说：'你在捣什么鬼？好好看看，你居然把我的一只眼睛画到太阳穴里去了。'朱利阿诺觉得这几句话莫名其妙。他对照着人与肖像连看了若干遍，勇敢地说道：'我觉得就是这样嘛！你再坐着吧，我改一下看看。'米开朗琪罗明白他已经进入什么境界，便微笑着又坐下了。朱利阿诺坐在他对面，对着他和肖像又再三地看，终于站起来说：'自然就是这样，我所画的就是你的眼睛。'米开朗琪罗笑着说：'好吧，继续往下画吧，这是自然的失误。'"（两人的对话为我们呈现了十分温馨的一幅画面，米开朗琪罗对朱利阿诺十分包容。）

米开朗琪罗对待很多人都没有宽容，却常常将宽容施用于那些卑微、渺小的人。这可能是他对于这些坚信自己为艺术家的无奈之人的同情，或者这些人的疯狂可以引起自己疯狂的记忆。这里，确有一种含泪而悲的风趣幽默！

三、宁愿孤单

他只和一些卑微的朋友在一起待着，他的疯疯颠颠的朋友、他的助手，还有一些更卑微的朋友——他的家畜——那些猫与母鸡。（介绍了米开朗琪罗的那些朋友们，其中不乏一些十分特别的"人物"。）

确实，他很孤独，而且他越来越孤独。1548 年他写信给他的侄儿说，"我不同任何人交谈，我永远是孤独的"。（可见米开朗琪罗自己十分清楚地认识到了自己的处境。）他不但慢慢地与社会分离了，而且对于人类的要求、欢乐、意识、利害也都冷漠了。

1544 年和 1546 年他生了两次大病，在斯特罗齐家中接受朋友里乔的看护之时，他终于宣泄了一道阵雨的光芒。米开朗琪罗大病初愈，便请求流亡在里昂的罗伯托·斯特罗齐向法国国王要求实践他的诺言：如果弗朗西斯一世愿意让翡冷翠重获自由，他就愿意用自己的钱在翡冷翠诸府场上为他建造一座古铜的骑马像。1546年，为了感谢斯特罗齐的东道主情谊，他赠与他两座《奴隶》，不过他又把它们转送给弗朗西斯一世。不过这只是一种政治热的最后爆发。（介绍了米开朗琪罗在大病初愈后的工作情况。）他在1545年和贾诺蒂的谈话中，有几番表白近似于托尔斯泰的不抵抗主义和斗争无用论：“能够杀掉一个人是极大的悖逆，毕竟我们无法确知死能否产生一些好，或者可否阻止一些善。所以我无法容忍那些人一旦从恶，也就是以杀戮开始，就不能有好的结局。时代变换，事件转变，想法也变了，人类疲惫了，最后，总有出乎意料的事情……”（表达了米开朗琪罗对待战争和杀戮的一些观点，从中能够看出他的不抵抗主义和战争无用论。）

当初猛烈攻击君主专制的米开朗琪罗，如今也反对那些幻想用一种行动来改变世界的革命家。他知道自己曾是革命者中的一分子，他痛苦责备的就是自己。像哈姆莱特一样，如今他也怀疑一切，怀疑自己的思想、怨恨以及信仰的一切。他与行动挥手握别。他写道：“一个人回答别人说：‘我不是政治家革命家，我是一个诚实的人，一个好心好意照顾一切的人。’他在讲真话。只要在罗马的工作可以给我和政治一样微小的顾虑便就好了！”

确实，他不再怨恨了，他无法恨。毕竟为时已晚：“可怜的我，为了长久等待而疲惫了。可怜的我，实现梦想已经太晚！如今，你知道吗？一颗高傲、宽宏、善良的心，知道宽恕，并向所有侮辱他的人以德报怨！”（此时的米开朗琪罗已经没有了怨恨，他的言语中表现了对自己的怜悯。）

米开朗琪罗住在 MaceldeCorvi 特拉扬与市场的高处。在那里他有一座房子，一所小花园。他有一个男仆一个女佣和许多家畜。他同他的仆役们并不和睦。听瓦萨里说：“他们经常粗心大意、不讲卫生。”于是他经常更换仆役。他与贝多芬差不多，与仆役们有许多纠葛。1560年他又赶走了一个女佣，他大喊：“希望她从来没来过这里！”

米开朗琪罗的卧室黑暗得像一座坟墓。（将米开朗琪罗的卧室比喻成一座坟墓，可以看出他的世界是处在黑暗中，很难见到光明。）“蜘蛛在里面做它们的种种工作，尽量纺织”。他在楼梯的中段画着背负着一口棺材的《死》像。

米开朗琪罗和穷人一样生活，吃得很少，“夜间睡不着觉，他起来拿着巨剪工作。他专门给自己做了一顶纸帽，中间可以插上蜡烛，便于他在工作时可以双手完全自由，不必担心光亮的问题”。

米开朗琪罗越老，变得越孤独，当整个罗马入睡的时候，他躲避在夜晚的工作中。

“啊！夜。啊！温和的时间。尽管是黑暗，在那里一切努力都能达到平和，称颂你的人仍可以见到并且懂得，赞美你的人的确有完美的判别力。你斩断一切疲惫的思念，被潮湿的阴影与甜美的休息深切地透入。你时常从尘世把我拥到天上，我难以飞去的地方。啊！死的影子。因为它，灵魂与心的敌害——灾难——都被一一挡住了，悲苦的人的至高无上的救星啊！你让我们有病的肉体重新获得健康。你揩干我们的泪水，你卸掉我们的疲惫，你让好人洗掉他们的厌恶与仇恨。”（此时的米开朗琪罗开始歌颂黑夜，因为病痛的折磨已经让他变了样子，他不再祈求光明的到来，而是默默忍受着黑夜的侵袭。）

有一夜，瓦萨里去访问这一个人，在荒凉的屋里，独自面对悲怆的《哀悼基督》的老人。瓦萨里叩门，米开朗琪罗站起身来，拿着烛台去接应。瓦萨里要欣赏雕像，然而米开朗琪罗有意把蜡烛摔在地下熄灭了，让他无法看见。当乌尔比诺去找另一支蜡烛时，他对瓦萨里说道：“我是如此衰老，死神经常在拽我的裤腿，要我与它同去。总有一天，我的躯体会崩溃，如这个火炬一般，我的生命的光明也像它一样会熄灭。”

死的意念侵蚀着他，一天一天地更阴沉起来。他对瓦萨里说：“没有哪一种思念不在我的心中引起死的震撼。”（从中能够看出死的意念已经侵蚀了米开朗琪罗的内心，对于死他似乎没有任何畏惧。）

于他，死，似乎是生命中唯一永恒的幸福：“当昔日在我眼前重现的时候，这是我经常遇到的。啊！虚伪的世界，我才辨清人类的荒谬与过错。相信你的阿谀奉承，相信你的无望的幸福的人，就是在替他的灵魂准备痛苦与悲哀。经历过的人，很清楚你时常许诺你所没有、你永远不可能有的幸福与平和。所以最不幸的人是在人间羁留最久的人。生命越短，越容易回归天国……因长久的岁月才引起我生命的终结。啊！世界，我认识你的欢乐已经很晚了。你承诺你所没有的平和，你承诺在我出生之前就已死灭的休息……我是由经历知道的，以经历来说话：死紧随着生的人才是唯一被天国宠幸的幸运者。”（表现了米开朗琪罗对于现实世界和死亡的一些观点。）

他的侄儿利奥那多庆祝自己孩子的诞生，米开朗琪罗严厉地批评他：“这种铺张让我不开心。当全世界都哭泣的时候是不应该嬉笑的。为了一个人的诞生而举行庆祝是缺乏先知先觉的人的行为。应当保留你的欢乐，在一个充分地生活了的人死去的时候宣泄。”第二年，他侄儿的第二个孩子刚出生没几天便夭折了，他却向他写去了道贺的信。

大自然一向被他的热情与灵智的天才所忽视，但在他晚年却成为一个安慰者。（介绍了大自然对于晚年的米开朗琪罗所起到的作用。）1556年9月，西班牙阿尔贝大公的军队进犯罗马，他逃出京城，途中在斯波莱泰住了五个礼拜。在橡树与橄榄树林中，他在秋天清朗高爽的气色中流连忘返。十天后他被召回罗马，才恋恋不舍地离开。他给瓦萨里写信道：“我的一大半已留在那里，因为真正的平和只存在于树林中。”

这位82岁的老人回到罗马，作了一首美丽的诗歌咏田园、颂赞自然生活，在诗中他还指责城市的虚伪。这首充满青春朝气的诗是他最后的诗作。但是，同在艺术与爱情中一样，在自然中，他也在寻求神明，他一步一步地走近神。他的信仰是永远存在的，虽然他丝毫不受教士、僧侣、善男信女们的蒙蔽，有时还挖苦他们，但他对信仰从根本上却从未有过怀疑。当他的父亲与兄弟们患病或临终时，他想到的第一件事便是要他们受圣餐。（表现了米开朗琪罗对于神明的崇拜，他的精神寄托也在他们的身上。）他对于祈祷怀有无穷无尽的信任，“他相信祈祷胜过所有药方”，他认为他所经历的一切幸运和他所幸免的一切灾祸都是因为他的祈祷。在孤独中，他曾有过神秘的狂热崇拜，“偶然”告诉我们其中的一件事：同时代的记载把他描述得好似西斯廷中的英雄一般狂热，深夜一个人在罗马的花园中祈祷，痛苦的目光注视着星云密布的天空。

有人认为他的信仰是对于圣母和使徒礼拜的冷漠，这是不对的。他用最后20年的时间全心全意地对待建造使徒圣彼得大寺的事情，而他生命的绝唱（由于他的死而无法完成的），也是一座圣彼得像，谁再说他是一个新教徒简直是开玩笑了。我们也无法忘记他曾多次要去朝山进香，1545年他很想去朝拜科姆波斯泰雷的圣雅克，1556年他要去朝拜洛雷泰。可以说，同伟大的基督一样，他的生死永远与基督徒们密不可分。（从旁观者的角度讨论了米开朗琪罗的信仰。）

1512年他写信给父亲时说："我过着和基督一样清苦的生活。"他临终时，请求人们让他回忆基督的苦难。自从他与维多利亚结交以后，尤其是他死后，这信仰就越发坚固强烈。从此，他几乎是完全为了颂赞基督的光荣与热情才进行艺术创作的；同时，一种神秘主义的基调也出现在他的诗中。他否定了艺术，投入十字架上殉道者的怀抱：

在厄运叵测的海上，我的生命，乘着一叶残破的小舟渡到了对岸，在那里虔敬的与冒渎的作品都将得到一个论断。于是，我把艺术看作偶像，君主一样地热烈狂想，如今我承认它并不是完全正确的，但我显然看到所有的人都在为自己的苦难而祈祷。虚无的快乐以及爱情，此刻当我慢慢走近死神的时候，它们到底是什么呢？爱，已经被我肯定了，其他也只是一种威胁。绘画并不能抚慰我的灵魂，雕塑也不能。我的灵魂正向往着神明的爱，但爱却在十字架上张开双臂等待我们！

（从这段描写中能够看出米开朗琪罗对艺术的评价和对自己的认识。）

在这位耄耋老人看来，他不用痛苦和信仰浇灌着最优秀的花，尤其是用神一样的怜悯心。这个敌人眼中贪婪的人，一生都在施恩于或陌生或熟悉的可怜的穷人。自己与父亲的仆人他都保留了下来，有一个在他兄弟死后他收留的老仆名叫莫娜·玛格丽塔，她的死也让他异常悲伤，"如同自己的妹妹死掉了一般"。他帮助一个为西斯廷教堂造台架的木匠为女儿准备嫁妆……他一向都有感人至深的真情，时刻不忘帮助穷苦人，尤其是那些自尊心强的。他喜欢让他的侄子、侄女也加入施舍的行列，让他们为此而感动。他也会让他们去施恩，而隐瞒他的名字，为他的恩赐保密。（表现了米开朗琪罗对众人的怜悯之心，从中看出了他的善良和悲悯。）

"他喜欢实实在在地行善，他并不讲求好名声"。

出于这种温柔细腻的情感，他对穷苦的女孩子常常特别怜悯，总是悄悄地送给她们妆奁，帮助她们进修道院或者结婚。他写信给他的侄儿说："想办法去寻找那些有需求的人，女儿需要出嫁或送入修道院的(特别是那些爱面子的穷人)。把我给你寄的钱送给别人，但也得保持警惕……"另外，他还说："如果你认识比较高贵但又经济紧张的人，别忘了告诉我，尤其是那些女儿已长大成人的人家，我非常愿意帮助他们，以期望我的灵魂能得到拯救。"(表现了他对贫苦大众的怜爱，证明了他的伟大精神。)

名师课堂

阅读赏析

这一部分十分详细具体地为我们呈现了米开朗琪罗的世界，更主要的是向我们介绍了他对旁人的爱，这里有爱情、亲情和友情，更有着那悲天悯人的博爱之情。读起来让我们仿佛是米开朗琪罗的一位老友，在听着他吐露心声。文中大量运用了语言描写和细节描写，尤其引述了米开朗琪罗的信和诗，让我们看见了一代伟大的雕塑家那充满才情的一面。不过他始终是痛苦的，生活无数次地折磨着他的心灵，以至于他的身体健康受到了威胁，让我们不禁为之叹息。

阅读思考

1.米开朗琪罗是如何评价卡瓦列里的？

2.米开朗琪罗和维多利亚是怎么认识的？他们之间有着怎样的关系？

3.文中引用了米开朗琪罗写给侄儿的多少封信？这些信能够表现出米开朗琪罗怎样的性格特点？

写作借鉴

娇艳　茕茕孑立　讽喻　纯粹　心甘情愿　卑俗　美轮美奂
温文尔雅　谨慎　无与伦比　相提并论　牢不可破　晦涩

☆ 当所有的生机都被剥夺了，我残破的心中开始涌起一番新的冲动，又是春天，又是娇艳的花朵，爱的火焰熊熊燃烧，不过这爱情全然没有自私、没有肉欲，而是对卡瓦列里美丽容颜的神秘的崇拜。

☆对于这个有信仰、有良好外形的大创造家，美的身体是神一样的，是肉体的外衣的表达。如同摩西对“火热的森林”一样，只能够战栗地走近它。

☆但是，米开朗琪罗给他写过无数封激动的信，他的友情已等同于爱情的疯狂，他是趴在泥尘里向偶像倾诉的。

☆她在米开朗琪罗面前掩藏着内心的惊惧，而做出宁静、拘谨的样子，她把自己这种有求于他人的平和，传递给米开朗琪罗。

尾 声

终于来了，一直盼望而又长久期待的死亡呀！

苦行僧般的生活虽然支撑了他结实的身体，但没有为他去除病魔的侵扰。自从1544年与1546年的两次恶性发烧之后，病魔就一直纠缠着他的身体。他经受着膀胱结石等各种疾病的折磨。（展现了米开朗琪罗所承受的病痛的折磨。）晚年他曾写过一首悲惨的打油诗来描绘自己千疮百孔的躯体：

我活得悲惨而孤独，
如同被包裹在树皮的最中间……
我的声音如同胡蜂被紧关在臭皮囊中……
我的牙齿如同摇摇晃晃的乐器键盘……
我的脸好像吓退鸟类的丑陋面具……
我耳朵里的轰鸣声日夜不息：
一只耳朵中是蜘蛛在结网，
另一只耳朵中则是蟋蟀叫个不停……
我因感冒而夜不能寐……
艺术给了我至高的荣耀，
但也把我引向如此结局。
可怜的老人，
假如死亡还不快来救我，
我将沉沦……
被疲惫支离、分解……
死亡是唯一的好出路……

1555年6月，他写信给瓦萨里说："亲爱的焦耳焦先生，从字迹上你就能知道我已到了第24小时了……”

1560年春，瓦萨里去看他，他已极度衰弱，几乎足不出户，睡眠也极少。一切都向人们预示着他将不久于人世，越衰老，他越脆弱，很容易哭泣。

瓦萨里写道：“我去看米开朗琪罗，他很意外，因此在见到我时就像一个父亲找到了他丢失的儿子一样欢喜。他抱着我的颈项，不停地亲吻我，快活得流出了眼泪。”（这些细节都预示着这位伟大的雕塑家即将走到生命的尽头。）

不过他清醒的神志与充沛的精力却似乎丝毫无损。也就是在这次会晤中，他与瓦萨里长谈有关艺术的问题，指点瓦萨里的工作，然后又骑马陪他到圣彼得。

1561年8月，他患了感冒。他在赤足工作了三小时之后突然倒地，浑身发抖，他的仆人安东尼奥发现他倒在地上。卡瓦列里、班迪尼、卡尔卡尼也闻讯立即赶来。这时，米开朗琪罗已经慢慢苏醒。才过了几天，他又开始乘马外出，继续制作皮亚门的图稿。

这个奇怪的老人，无论如何也不接受别人的照顾。他的朋友们好不容易才打听到他又患着一场感冒，却只有粗心的仆人们陪同。

他的继承人利奥那多，以前因为来罗马而被他严厉地训斥过，这次即使是惦记他叔父的健康问题也不敢贸然前来了。1563年7月，他托达涅尔·特·沃尔泰雷问米开朗琪罗，允不允许他来看望；并且，为了消除米开朗琪罗的猜疑，他又特地声明，说自己的商业很有起色，他很富有，什么都不缺。狡黠的老人托人答复道，既然如此，他很高兴，他会把他存留的少数钱财分赠给穷人。（利奥那多因为害怕叔父怀疑他到来的目的，于是声明自己现在生活的十分富有，这一点能够看出侄儿对他的关心。）

利奥那多不满于那种答复，一个月之后再次托人告诉他，说他只是挂念他的健康和他的仆役。这一次，米开朗琪罗怒气冲天地给他回了一封信，表示这88岁，距离他最后的日子只有六个月的老人仍然有着旺盛的生命力：

你的来信告诉我，你相信了那些不能偷窃我、也无法随意摆布我的恶人的胡言乱语。你竟愚蠢到了相信那些无赖之徒的地步。让他们去死吧，这些人只会给你增添烦恼，只知道嫉妒别人，而自己却像个流浪汉一样。你信中说不放心我的仆役，我告诉你吧，我的仆役们都忠心耿耿地服侍我、尊敬我。至于你信中稍稍提及的偷窃问题，我想说，我绝不会猜疑我家里的人，我百分之百地信任他们。所以，你只要操你自己的心就够了。我不是一个孩子，我知道必要时应当自卫，珍重自己吧！（由此可见米开朗琪罗的固执，他不肯承认自己已经老了，更不愿意让人去关注他的病情。）

关注遗产的人可不只利奥那多一个，整个意大利都继承着米开朗琪罗的遗产，特别是托斯卡纳大公与教皇，他们留心着关于圣洛伦佐与圣彼得的建筑图稿及素描的安全。1563年6月，在瓦萨里的劝告下，科斯梅大公命令他的驻罗马大使阿韦拉尔多·塞里斯托里悄悄地禀奏教皇，鉴于米开朗琪罗日渐衰老的缘故，应派人暗中监护他的起居并保护一切出入他家的人。如果米开朗琪罗突然逝世，应当马上将他所有的财产登记入册，包括素描、版稿、文件、金钱等等，并应当注意防止仆役乘他死后的混乱偷窃什么东西。但是，这些事情都是完全瞒着米开朗琪罗的。这些预防并不是完全没用。时间很快就到了。（从中可以看出教皇与贵族的虚伪无情，他们惦记的只是米开朗琪罗的作品。）

米开朗琪罗最后一封信写于1563年12月28日。一年以后，他几乎不亲自提笔了。他只负责口述和签名，帮他处理信件的是达涅尔·特·沃尔泰雷。

他不停地工作。1564年2月12日，他站了一整天，为了做《哀悼基督》。14日，他发烧了，卡尔卡尼闻讯立即跑来，但他却不在家里，尽管当时下雨，他还是到近郊散步去了。回来时，卡尔卡尼说他不该在这样的天气中外出。（表现了米开朗琪罗对工作的热爱已经到了狂热的程度，他要工作到生命的最后一秒。）

米开朗琪罗答道：“那我应该怎样？我病了，无论怎样我都得不到休息。”

他呆呆的话语、脸色、目光，都让卡尔卡尼极为不安。他马上写信给利奥那多说：“事情也许就要结束了。”

当天，米开朗琪罗把达涅尔·特·沃尔泰雷留在身边。达涅尔请了医生到家里来。2月15日他在米开朗琪罗的吩咐下给利奥那多写信，同意他前来看望：“不过一定要小心，因为你不熟悉道路。”

沃尔泰雷记录了下面几句：“我离开他时刚过8点，当时他神志清醒，也很安静，只是受了些麻痹的苦。他不太习惯，因此今天下午三四点钟他还想像他平时在晴天里那样——乘马外出。不过严寒的天气和困倦的脑袋与腿阻止了他，他只好坐在炉架旁边的安乐椅中，他宁愿这样也不愿卧床。”（记录了米开朗琪罗的生活。）

卡瓦列里一直忠诚地陪在他身边。

直到去世前一天，他才肯躺在床上，在朋友、仆人的簇拥之中读出自己的遗嘱，神志相当清楚。他要把“心灵赠给神明，身体留给尘土”。他要求“即便是死也要回到亲爱的翡冷翠”。——接着，“他从疯狂的暴风雨转入了甜美柔和的平静”。

这是2月的一个星期五，下午5点。

“他生命的尽头，平静的天堂生活的第一天！……”他终于休息了。他终于实现了自己的人生目标：超越时间……

“对于他——快乐的心灵，岁月停滞不前！”（这段描写预示着米开朗琪罗的生命即将走到尽头，所有人都对这位天才逝世感到悲哀。）

这样的生命就是永远痛苦永远崇高的！

在悲剧历史的结局，一种焦虑让我心痛。我问自己，给痛苦的人一些支撑时，会不会把一些人的痛苦转移到他人身上。那么，是否应该学着他人的样子，只展示英雄的风姿，而独自啜饮悲苦的泉水？

——可是不，这就是真理，如果要靠撒谎和欺骗才能得到幸福，要付出一切代价去争取，那么我宁愿不向朋友们承诺这种幸福。而真理才是我对他们的承诺，尽管真理要牺牲幸福来争取，它却可以使灵魂达成永恒，虽然它又苦又涩，但却纯洁无瑕，让我们在其中充实贫血而脆弱的心吧。

伟大的心灵就如同高耸入云的山峰，经受大自然中风雨的洗礼和雾霭的缠绕，但是人们一旦登上山峰，就可以完全自由地呼吸纯洁清新的空气，荡涤内心的污浊，重新获取力量。而当云开雾散，那巍峨的山峰就又出现在人们面前。就是这样的山峰，它巍然屹立在文艺复兴时期的意大利。远处的我们可以看到它险峻不凡的侧面，它的身影在浩瀚的碧空中隐约闪现。（从这段描写中我们能够看出米开朗琪罗的精神是伟大的，他虽然逝世了，但是他的精神会长留在人们的心间。）

也许并非每一个人都能生活在高峰之巅，但起码他们应该每年攀登一次最高峰，以接受自然的洗礼，清洗自己的呼吸和血液，体会与永恒无限贴近的滋味。这样，当他们重新回到广阔的人生天地中时，才会更勇敢地面对点点滴滴的日常生活，并与之争斗。

名师课堂

阅读赏析

这一部分主要记叙了米开朗琪罗逝世前的情况，伟大的天才雕塑家在承受了多年的痛苦折磨之后离开了人世，留下了许多伟大的作品。与此同时，他的精神激励着人们在困境中顽强拼搏不断向前。

阅读思考

1.米开朗琪罗是怎么看待死亡的？
2.米开朗琪罗逝世前的情况是什么样的？
3.作者是如何评价米开朗琪罗的？

写作借鉴

侵扰　千疮百孔　衰弱　足不出户　狡黠　胡言乱语
忠心耿耿　吩咐　麻痹　困倦　停滞　崇高　焦虑

☆ 他抱着我的颈项，不停地亲吻我，快活得流出了眼泪。

☆ 那么，是否应该学着他人的样子，只展示英雄的风姿，而独自啜饮悲苦的泉水？

托尔斯泰传

原 序

名师导航

作者在向我们介绍了贝多芬和米开朗琪罗之后，又要向我们介绍另一位影响世界的伟大人物——托尔斯泰。下面是作者在这一章节所写的序言，他向我们概括了所要表达的内容。

适逢托尔斯泰的百年诞辰，这第十一版印行的书在内容上稍稍有所修改。（说明内容被修改的原因。）包括增加的1910年以后公开发表的托尔斯泰的书信。笔者用一整章的篇幅来阐述托尔斯泰与亚洲各国的思想家的关系，其中有中国的、日本的、印度的和回教国家的思想家，最重要的是甘地与他的关系。另外，还全文录入了托尔斯泰逝世前一个月写的一封信，在这封信中，他写明了不抵抗斗争的全部计划，这为甘地在以后运用这一强有力的斗争方式起到了非常重要的作用。

罗曼·罗兰

1928年8月

名师课堂

阅读赏析

这一段文字记叙了作者在托尔斯泰传这一部分所要表达的内容，序言部分短小精悍，没有过于烦琐的字句，但却表达了最直白的感情，清晰明了地向读者呈现了托尔斯泰传的内容。

阅读思考

这本书比原来的版本增加了什么内容？

写作借鉴

增加　阐述　方式　作用

☆另外,还全文录入了托尔斯泰逝世前一个月写的一封信,在这封信中,他写明了不抵抗斗争的全部计划,这为甘地在以后运用这一强有力的斗争方式起到了非常重要的作用。

托尔斯泰传

名师导航

上一章节我们看到了伟大的雕塑家米开朗琪罗的故事，让我们感受到了他对艺术的执着和他在痛苦中百折不挠的精神。下面让我们一起走进俄国伟大的作家托尔斯泰的世界，让我们去看看在他的身上发生了哪些动人的故事，又有哪些值得我们学习的地方吧。

一、怀念托尔斯泰

100年以前，一个伟大的灵魂在俄罗斯的大地上流光溢彩，对我这一代人来说，他是一道最耀眼的光芒，照亮了我们的青春岁月。很多法国人认为托尔斯泰不仅仅是个值得敬重的艺术家，更是一个知心朋友，在整个欧洲的艺术领域中，他是唯一真正称得上朋友的人。我也曾是这些青年中的一员，我希望能够用这神圣的回忆来表达对他的感激与爱戴。（表现了作者对托尔斯泰的赞扬，烘托出作者描写托尔斯泰的用意。）

1886年，法国所有的书店同时刊出托尔斯泰和陀思妥耶夫斯基的著作译本，而且速度惊人，争先恐后到了狂热的地步。1885至1887年间，巴黎发行了《安娜·卡列尼娜》《战争与和平》《童年与少年》《波利库什卡》《伊万·伊里奇之死》以及高加索的短篇小说和通俗短篇小说。就在短短几个月甚至是几个星期之中，我们突然发现了这部蕴含了一个完整而伟大的人生的作品，一部反映了一个民族、展开一个崭新的世界的作品。

那个时候，我正在读高等师范学校，我们一群小伙伴，在意见上非常不一致。在我们当中，有讽刺现实主义的思想者，如哲学家乔治·杜马；有狂热追求和怀恋意大利文艺复兴的诗人，如苏亚雷斯，有古典传统的忠实信奉者；有司汤达派与瓦格纳派；有无神论者和神秘主义者。(通过例举众多伟大作家和托尔斯泰做对比，显示出在作者身处的环境中托尔斯泰是影响力最大的一位作家。)不知掀起过多少辩论，发生过多少次龃龉。但对托尔斯泰的敬慕在几个月中使我们完全统一了。从欧罗巴那一边传来的巨响，在我们周围、在我们的家庭里、在外省所能达成的共鸣，有时是出乎意料的。

我国的知名批评家曾有这样一种说法，认为托尔斯泰思想中的精华都是从乔治·桑、维克多·雨果两位浪漫派作家那儿吸取来的。且不用说乔治·桑对托尔斯泰有影响的说法毫无道理，托尔斯泰绝对无法容忍乔治·桑的思想，也不用非得否认卢梭与司汤达对于托尔斯泰确实存在的影响。总之，他的伟大与魅力产生于他的思想，这一点不容置疑。(表现出了作者对评论家妄自评价托尔斯泰的不满。)在思想领域里，艺术所赖以活跃的圈子是相当狭小的。他强大的力量并不在于思想本身，而是在于他所赋予思想的情态，在于艺术家的特质，在于个人的调子，在于他有一种生命的气息。(烘托出托尔斯泰独特的魅力，在作者的眼里他是完美而不可替代的。)

不论托尔斯泰是否因为受了什么影响才产生那样的思想，事实摆在面前：欧洲可从没有人听到过像他那样的声音。除此之外，我们又根本无法解释听到这发自灵魂深处的音乐时所产生的激动！这正是我们期待已久、迫切需要的那种声音。流行的东西并不能给我们的情操产生多大的影响。我们中的大部分人都像我一样，看到特·沃居埃著的《俄国小说论》是在读过了托尔斯泰的作品之后了，他的赞美比起我们的钦佩来已经逊色多了。因为特·沃居埃特以文学家的态度批判。但在我们，单是赞赏作品是不够的，我们就生活在作品之中，他的作品已经成为我们自己的作品了。他的热烈的生命是我们的，他的心和青春是我们的；他苦笑的幻灭、他毫无怜惜的洞悉、他与死的纠缠都是我们的；他对博爱与和平的梦想是我们的，他对文明的欺骗所进行的猛烈的攻击是我们的；他的现实主义、他的神秘主义都属于我们；他身上大自然的气息，他对无形的力的知觉，他对无穷的困惑，都让我们觉得这是我们的作品。(运用了排比句式，极力渲染了托尔斯泰的巨大影响力。)

这些作品对于当今所起到的作用，不亚于《少年维特之烦恼》在它那个时代的作用，同样都是我们的强大或脆弱、光明与恐惧的反射。我们一点儿也不想调和这些矛盾，将这样一颗包容整个宇宙天地的复杂的灵魂塞进宗教与政治的狭隘框框中去。我们根本不想像那些庸俗的人那样，在托尔斯泰离开人世之后，用党派观点去批判他，就像我们竟然和天才同属一个朋党……托尔斯泰是不是与我同属一个党派又有什么关系呢？我们在但丁与莎士比亚的光芒照耀之下时，会追究他们是什么党派人士吗？（表达了作者对于那些因为党派问题而批判托尔斯泰的人的强烈不满和鄙夷。）

现在的批评家常说转变以前和转变以后有两个托尔斯泰，一个好，一个不好。这种说法我们绝不敢苟同。在我们心目中，托尔斯泰只有一个，我们爱的是完整的一个他。出于本能，我们也能够感觉到，在他的灵魂世界里，所有的都有关系，都有确定的立场。

二、童年时期

以前我们出于本能而未能加进理性的解释的东西，如今应该由我们用理智来证明它的存在。现在，这个长久的生命终于走到了尽头，一览无余地显露在大家面前，像光芒四射的太阳照亮了思想的领域，正好到了我们能够证明的时候了。（作者想要通过自己的解释证明托尔斯泰对当今世界的意义。）首先让我们震惊的是，在漫长旅途中这个生命从来未曾有过改变，尽管有人想用条条框框来分隔它，尽管托尔斯泰自己由于旺盛的生命力，总以为他每一次相信、每一次爱都是第一次，并且每一次都是他生命真正的开端。开始以及重新开始，在他的心中曾经发生过多少次这样相同的转变与斗争！他的思想从来就不是统一的，我们无须讨论也无法讨论他思想的统一性，但这只是具体现象、具体条件下的不统一。在他的思想上，总是存在要么妥协、要么敌对的永远延续不断的选择与斗争。像托尔斯泰这样的人，根本不存在心灵与思想的绝对统一。在他热情四溢的斗争中，在他的艺术创作与生命的悲剧之中，才具有真正算是统一的东西。（介绍了托尔斯泰的思想特点，我们无法用思想的统一性来规约他。)

对于托尔斯泰来说,艺术与生命的高度统一,从来没有人像他一样把这二者联系得这样紧密。他的作品常具有自传色彩。从他 25 岁起,在他的作品里,我们能够一步步地读到他精神上的冒险生涯和矛盾的心灵。从 20 岁就开始一直到逝世都没有间断过他的日记和他提供给比鲁科夫的笔记,使我们对他有了完整的认识,使我们对他的思想的转化过程一天天地明了起来,并且能够再现孕育滋养他的天才和心灵的活的世界。(介绍了托尔斯泰作品的特点,从中让我们感受到了他的精彩。)

托尔斯泰继承了丰厚的遗产,双重的世家(托尔斯泰族与沃尔康斯基族),高贵而古老的世家,一直可追溯到留里克,家谱上载有亚历山大大帝的侍仆,有七年战争中的将领,有拿破仑著名战役中的勇士,有十二月党人,也有政治犯。在托尔斯泰创作的《战争与和平》中,有好几个非常特殊的典型人物来自家族的回忆。如他的外祖父,叶卡捷琳娜二世时代的老亲王沃尔康斯基,是伏尔泰式的专制贵族的代表;他母亲的堂兄弟,亲王尼古拉·格雷戈电维奇,沃尔康斯基,在奥斯特利茨战役中受了伤却从战场上捡了一条命;他的父亲与尼古拉·罗斯贝多芬托尔斯泰托夫有些相似;他的母亲——玛丽亚公主,是个温柔善良但长相丑陋的妇人,长着美丽的眼睛、丑陋的面容,但她的仁慈却散发出光芒,辉映着《战争与和平》。(再一次强调了托尔斯泰作品的自传色彩,因为在他的作品中所描绘的人物,总能够看到他亲人的影子。)

他对他的父母并不熟悉,众人皆知的《童年时代》与《少年时代》中美妙的叙述,事实上没有多少真实的东西。在他还不到两岁时母亲就逝世了,因此只有在小尼古拉·伊尔捷涅耶夫含泪的诉说中,他才能稍稍回想到母亲那张可爱的脸庞,总带着微笑,光辉四射,欢乐四溢……

“啊! 假如让我在艰难的时刻见到这微笑,我将永远不会有悲伤……”(反映了托尔斯泰对母爱的憧憬和渴望。)

然而,她的坦率,她蔑视舆论、我行我素的性格和她创造故事讲述故事的奇妙的天才,一定是遗传给他了。

父亲在他的记忆中留下了淡淡的影子,这是一个幽默可亲的人,眼神中常闪过一丝忧郁,在他的庄园中过着自由自在、闲云野鹤般的生活。

托尔斯泰失去父亲的时候才刚刚9岁。(介绍了在托尔斯泰脑海里父亲的形象。)父亲的死亡使他“第一次领略现实的悲苦,心中充满了绝望”。这是儿童第一次与恐怖的阴影相遇,在他的一生中,一部分是要打败它,一部分是要改变它之后赞美它。他对在《童年时代》的最后几章中这种悲伤的痕迹,有深刻的表达,只不过已将回忆变成追述他的母亲的去世与下葬的经过了。

他们一共是五个孩子,生活在亚斯纳亚·波利亚纳古老的庄园里面。列夫·尼古拉耶维奇即于1828年8月28日在这所房子里出生,直到82年之后逝世,才离开这里。五个孩子中最小的一个是女孩,她名叫玛丽亚,后来当了女修士。(托尔斯泰去世以前离开了他自己的家,离开了家人,就是隐遁到她那里去了。)四个儿子:谢尔盖,是个自私但仍可爱的人,“他真诚到我以前闻所未闻的程度”;德米特里热情而深沉,他上大学时,狂热地奉行宗教,心无杂念地吃斋节食、寻访穷人、帮助残疾,后来突然变得放浪形骸,和他的虔诚一样强烈,内心却满是悔恨,为一个妓女与家族脱离关系,和她同居,29岁时因为肺结核去世了;长子尼古拉是他们四人中最招人喜爱的一个,他继承了母亲讲述故事的想象力,有幽默、害羞而细腻的性格,后来在高加索当了军官,慢慢地喜欢喝酒,充满着基督徒的善良与温厚,他把他的财产全都分赠给穷人,屠格涅夫说他“在人生中实践着谦卑,并不像他的兄弟列夫一样只满足于在理论层面上的探讨”。(介绍了《童年时代》里的几个主要人物的形象特点,他们性格迥异,这些使得托尔斯泰的作品更加丰富多彩。)

在那些孩子身边,还生活着两个心地善良的妇人,一个是塔佳娜姑母,托尔斯泰说:“她具有两种美好的品德:镇静与爱。”在她的一生中只有爱的付出。她一直只知道舍己为人……

“她让我明白了爱才能使精神快乐……”(表现了托尔斯泰对塔佳娜姑母的赞美。)

另外一个妇人是亚历山德拉姑母。她总在照顾别人而不要别人服侍,她不用仆人,唯一的爱好是帮助圣徒,和朝圣的人与纯洁的人谈话。好几个善男信女在他们家中寄食。其中有一个会背诵赞美诗的朝圣进香的老妇人,是托尔斯泰妹妹的寄名母亲。还有个叫作格里莎的，只知道祈祷和哭泣……

“啊，虔诚的基督徒格里莎！你有那么坚定的信仰，以至让你感觉到你靠近了神灵，你的爱多么炽烈，以至你的语言无法被理智驾驭。你为神的庄严而赞颂，当你找不到言辞的时候，你哭泣着扑倒在地！”

很明显，这一切谦恭的心灵对托尔斯泰的成长产生了非常重要的影响。老年的托尔斯泰似乎已在这些心灵上得到萌芽。他们的祈祷与爱，在他儿童时期的精神上撒播了信仰的种子，到暮年时种子收获了。

在《童年时代》中，除了纯洁无瑕的格里莎，托尔斯泰没有说起其他那些帮助他心灵生长的谦卑的灵魂。然而从另外一个方面，这颗儿童的心灵却从书中表现出来。“这灵魂纯洁无瑕，充满仁慈与爱心，就像一道光闪耀着华采的光芒，总是能够发现他人最好的一面。”（表达了对自己纯洁心灵的由衷赞美。）这是一个多么温柔谦顺的灵魂呀！他生活在幸福之中，总是挂念着周围那些不幸的人，为他们而流泪，但愿为他们表现他的诚意。他亲吻爱抚一匹老马，希望它原谅他让它受苦。在爱着时，他能感觉到幸福，至于是否为别人所爱却并不重要。从这个孩子身上，人们已经能够看到他天才的萌芽和未来，他对身世的痛哭与幻想，他不断思考总是努力为普通人着想，他早熟的观察力与回忆的习惯让他总是能敏锐地在别人的脸上发现自己的哀愁与烦恼，这都表明他的天才。他自称第一次感到“人生并非享乐而是一份十分沉重的差事”是在他年仅5岁时。（作者从托尔斯泰作品中主人公的性格特点，映射到了托尔斯泰的身上，表明了天才的存在。）

所幸，他不会总怀着这样的思虑与想念，此时他正沉醉在俄罗斯的各种神话与传说中，神游于《圣经》所记述的历史，特别是约瑟的历史中；在他老年时代，还把后者作为艺术创作的典范。当时，他还为《天方夜谭》中牛的故事所迷惑，因此他每晚坐在祖母家的窗口上听一个盲人讲故事。

三、平民意识

他在卡赞上学，学习成绩一般。别人都这样评价这三兄弟：“谢尔盖希望成绩好，也能学好；德米特里希望成绩好，却没有这个能力；列夫不奢望好成绩，也没能取得好成绩。这段时间，他的心灵正如他自己说的，是“荒漠一般的青年时期”，就像狂风热浪下的荒漠。在《少年》尤其是《青年》这部作品中，他对这个时期的经历做了较完整而真诚的忏悔。他的心灵孤独无依，他的头脑却一直狂热不断。在一年当中，他寻觅并尝试用各种与他相适合的学说来表达自己的思想。他信过斯多噶主义，为此他经受肉体上的折磨；他信过伊壁鸠鲁主义，为此他开始放纵自己。此后，他又相信过一次生死轮回的说法。经过一番反复，他终于掉进了杂乱无章的虚无主义之中，他似乎感觉到了，如果他转变得太快太猛，就会发现虚无将挡在眼前。他不断地思考自己……（表现了托尔斯泰在心灵上孤独无依的感觉，他的人生因此反复而杂乱无章。）

“我只能不断思考一种东西，我想我思考的的确只是一种东西……”

这种无休无止的自我分析和层层不断的推理机能，当然很容易导致空虚，“经常妨害到他的生活”，这对他来说是一种危险的习惯；可是他同时又说，这也是他进行艺术创造的最宝贵的源泉。在这种精神层面的活动中，他丢掉了所有的信念，最起码，他自己这样认为。16 岁时，他不再去教堂祈祷了，然而这样并不表明他不再坚持这种信仰，它只是更隐秘地潜藏起来。

“然而我还是相信着什么，到底是什么？我不能说出来。我还相信神，或者说最起码我还没有完全否认神；然而是哪一位神？我也不知道。我也不否定基督和基督教的教义；但我却不能解释建立这教义的立场。”（表现了托尔斯泰总是幻想着神明的存在，而这也使得他的精神变得虚无缥缈起来。）他有时沉迷在慈悲的梦幻中。他曾想过卖掉他的私车，把得到的钱分送给穷人；还想把他的家财的十分之一献给他们，并且不再雇佣仆人……“因为他们和我一样也是人”。有一回生病的时候，他写了一部《人生的规则》。在这本书里他天真地指出作为一个人的责任，认为“人类的使命在于他不断地追求更加完美的境界”，要认真研究和深刻讨论如下的一切：法律、语言、医学、农学、地理、历史、数学，在音乐与绘画的领域中走向高峰。

受年少时强烈的感情及夸张的自尊心驱使，不知不觉之中他这种不断自我完善的信念不再具有非功利的性质，具有了实用和物质化的意义。他要使世界为之倾倒，获得全人类的尊敬，因此对他的精神、肉体与意志力求完美。（从中能够看出托尔斯泰有着强烈的自尊心和完美主义意识。）“我希望大家认识我、尊敬我，我希望大家为我的出现发出赞叹和感谢的呼声”，他比青年时更想受到别人的欢迎。

然而这不是一件简单的事情。他长相跟猴子一样难看：狭长而笨拙的粗犷的脸，短发遮住了前额，深藏在深陷的眼眶里的小小的眼睛，注视时总带着一副极为严峻的眼神，鼻子宽大，厚厚的双唇向前突出，宽阔的耳朵。（清晰地呈现出托尔斯泰的外貌特点，从中能够看出他是一个并不英俊的人。）小时候他总由于对这长相无能为力而感到痛苦绝望，他发誓要变成“一个体面人”。为了这个理想，为了做到像个真正的“体面人”，他去赌博，向别人借钱，乃至彻头彻尾地放纵自己。

然而有种东西使他一直得到了宽恕：他的绝对的坦白。

涅赫留多夫对他说：“我之所以爱你胜过他人，因为你具有一种少见的使人惊叹的品性：坦白。”

“是的，即使我自己也觉得难为情的事我也能把它讲出来。”

就在他完全放纵自己的时候，他仍然用尖刻的有洞察力的目光审视自己。

“我像一头畜牲一样生活着，”他在《日记》中写道，“我变坏了。”（生动形象地表现了托尔斯泰的坦白。）

他用分析法，把他犯错的原因认认真真地列出来：“一、犹豫不决或缺少魄力；二、自欺欺人；三、易急躁；四、胆怯害羞；五、情绪恶劣；六、精神萎靡；七、模仿欲强；八、浮躁；九、轻下结论，轻易行动。”（一目了然，让读者看到了托尔斯泰的缺点，侧面烘托出他的真实不造作。）

他在读大学时把这种完全独立的判断力应用于批判社会法与对知识权威的迷信。他看不起大学教育，不愿意用传统的方法做历史研究，因为这种狂妄的思想他受到学校的处分。在这时期，他发现了卢梭的《忏悔录》和《爱弥儿》。这对于他来说，简直是一个晴天霹雳。

“我把他的肖像如圣像一般挂在颈下，对他顶礼膜拜。”（表现了托尔斯泰对卢梭的崇拜。）

他最开始写的几篇哲学论文就是对卢梭的诠释(1846—1847)。

然而,厌倦了大学和“体面人”,他重新回到故乡亚斯纳亚·波利亚纳的田园中(1847—1851)。以帮助他们为借口,他重新接触了民众,他成为他们的慈善家和教育家。这些经历见于他最初的几部作品,如《一个绅士的早晨》(1852)中主人翁的名字便是他最喜欢用的假名:涅赫留多夫亲王,这是一篇优秀的小说。

20岁的涅赫留多夫放弃了大学生活去为农民服务。他花了一年的时间做为农民谋福利的工作。在访问一个乡村时,他遭受了嘲讽似的淡漠和固执的猜疑,因循守旧、冥顽不灵和下流无耻等等。他一切的努力都白费了,最后心灰意冷地回去了。他想起他一年以前的美梦,想起他当年的理想,想起他的宽恕的热情,“爱与善既是幸福,也是真理,是世界上唯一可能的幸福和真理”。他认为自己失败了,他感到羞愧而且厌倦了。(为读者介绍了《一个绅士的早晨》中的主人公涅赫留多夫,从中看出了这个人物的性格特点。)

“他面对着钢琴,手在键盘上下意识地敲着,他开始弹奏了,第一个和音,接下来是第二、第三个,这些和音并不完全符合音律,甚至单调到了庸俗的地步,一点儿也无法显示他的音乐天赋;然而就在这样的调子里,他能够体会到一种无法言说的、近乎悲凉的趣味。他的心随着偶尔出现的和音的变化而跳动,耐心地等候新的音符的到来,通过幻想他可以将一切缺憾补充得完美而充分。他在那些由于幻想而被动进行着的活动中得到最大的乐趣,比如在听到合唱和乐队演奏的时候……这些活动将关于过去与未来的种种景象变幻多姿地显现出来,将毫无关连的东西变得明确、清晰。

他再次看到刚刚和他交谈过的农民,刚才,他还觉得他们卑微而懒惰、疑心重又爱撒谎、愚蠢而冥顽不灵;可是此刻,他眼里的这些农民只有优点,一种出自直觉的爱使他透视着他们的心灵,谈出了他们在强大的命运压力之下的恬退隐忍和宽容。他感动于他们对家庭的热情和爱心,懂得了他们为什么会对过去有一种传统的虔诚的崇敬。他们的劳动生活疲倦而健全,呼唤着他的灵魂……(表现出了托尔斯泰对农民的赞扬,他喜欢这个群体。)

“太美了，”他自言自语，“为什么我不能加入到他们之中呢？”就这样，在托尔斯泰的第一部小说中，他整个人都融在主人公身上了，他用清澈锐利而长明不倦的目光凝视着人物，用一种完美无缺的现实主义来审视人物。可是他一旦把眼睛闭起来，就会再次沉迷于他的梦幻之中，沉迷于他对整个人类的爱情漩涡之中。

四、不堪重负

然而托尔斯泰在1850年前后并不像涅赫留多夫那么有忍耐力。对亚斯纳亚他失去了信心，对民众的期待也像对先进分子的期待一样让他厌倦。他认为自己不堪重负，再也无法继续担当自己的职责。另外，他的债主们紧追不舍，要他还债。1851年，他逃到了高加索，躲进了他哥哥尼古拉担任军官的军队里。

在群山环绕的宁静恬淡的环境里，他马上恢复了以往的活力，他再次找到了上帝：“昨天夜里，我几乎一个晚上都难以入眠……我向神祈祷。在祈祷时我感到了难以言传的情操的甘美。首先我背诵了惯例的祷文，之后我又祈祷了很久。我渴望看见某种十分伟大的、十分美丽的东西……是什么呢？我说不清楚。我但愿能把我和‘神’融为一体，我请求他宽恕我过去的过错……然而不，我不需要为此请求，因为我想，既然他赐予我这样幸福的时刻，想必已经宽恕我了。我祈祷着，同时觉得我并无所求，不能也不知祈祷什么。我感谢了神，不是用言语，也不是在思想上……然而刚过一小时，罪恶的声音又回荡耳边。我睡着了，梦中有着荣誉与女人，这使我更加强壮有力。无所谓！是神使我拥有知道我的渺小与伟大的这一刻。我为此感谢神。我想祈祷，但我不知要祈祷什么；我想彻悟，但我不敢彻悟。我将自己的所有都奉献给你！”（在托尔斯泰的这段语言描写中，我们能够深深地感受到他对神明的崇拜，他将自己的生活都看成是神在牵引着的。）

肉欲并未战败(它从没有失败过)，情欲与神的斗争在内心悄悄地进行。（承接上文，启示下文，起到了一定的过渡作用。）托尔斯泰在《日记》中，记述三个折磨他灵魂的魔鬼：

一、赌欲是能够战胜的。

二、肉欲和情欲是极难战胜的。

三、虚荣欲是一切中最难克服的。

就在他梦想着要舍己为人时，他的心灵同时被肉欲和轻浮的思想占据。一个高加索女人的影子让他着迷，要么“他左面的胡须竖得比右面的高时会让他感到难过”。同时又默念着“不妨！”神在这里，他必须守候在神的周围。在斗争的骚乱中含有繁荣的契机，所有的生命力都得到了激舞。（表现了托尔斯泰作为人而拥有的情欲，这一点使他更能贴近生活。）

“当初我心血来潮要到高加索旅行的想法，我想几乎是神赐予我的。主给我指明了道路，我的内心为此充满了感激。你能够感觉得到我因此而开始变好，并且深信降临到我身上的一切不幸对于我来说都是一种福分，既然这是神的主旨……”（表现了托尔斯泰对于信仰的笃定和虔诚。）这是春天吟唱的赞美诗，大地上花团锦簇，全部都是那么的美好。1852年，托尔斯泰的天赋终于绽放了最初的花蕾，他的《童年时代》《一个绅士的早晨》《少年时代》《侵略》代表他对赐福于他的上帝表示感谢。

五、在高加索的日子

1851年秋，托尔斯泰在蒂弗里斯开始写《童年时代》。1852年，这部作品完成于高加索的皮亚季戈斯克。这让人觉得不可思议，因为当时他正在开始一种崭新的生活，在大自然的怀抱中，在惊心动魄的危险的战争中，他一门心思地观察他以前没有见过的充满热情的世界。就在这样的时候，他居然以对过去生活的追忆为内容来完成他的第一部作品。但是值得注意的是，他在写这部作品时正生着病，不得不中止在军中的役务。他孤独而苦闷地捱过漫长的休养的闲暇时光，他的眼前展现出对过去的感伤而温柔的回忆。几年来生活上的颓废荒唐，让他羞愧不已、心力交瘁，而幼年生活是那么“无邪、快乐，充满诗意，美妙绝伦”，在那种生活中能够造就一颗“温柔善良，多情善感的童心”。（突出了托尔斯泰在创作时的艰难处境，他是在孤独和苦难中完成这一切的。）对这些的重温和追寻，让他心中涌动着甜蜜的暖流。青春的激情，对未来不知疲倦的设想，循环往复的诗的情怀和梦幻，使他无法演绎一个孤独的题材。在他那永远无法实现的宏大的历史长河中，他的长篇小说不过是其中小小的一环，而在创作《童年时代》的时候，这部作品被他作为"人生四部曲"的第一乐章。原本它也包括在高加索的那段生活，结束于他在自然的力量中获得神示的情节。

后来，托尔斯泰对这部成名作却表现出十足的严厉与冷酷。

"真是糟透了，"他对比鲁科夫说，"这部书缺乏文学上的诚实！……简直一无是处。"（表现了托尔斯泰对于《童年时代》这部优秀作品的不满，由此能够看出他对自己的要求是极高的。）

其实这只是他一个人的见解。这本书的原稿，没有署名，寄给俄罗斯有名的大刊物《现代人》，立刻就发表了(1852年9月6日)，而且为欧洲全部的读者一致确认获得了普遍的成功。我们很可以理解日后它会使托尔斯泰憎厌，虽然其中满含有迷人的诗意、细腻的笔触、细微的情感。它使他憎厌的理由正是别人喜欢它的理由。我们的确可以这样说：除了几处对人物的记载和极少数的篇章中含有足以动人的宗教情操和感情的现实意味之外，在此极少表露了托尔斯泰的个性。

让一种温柔的感伤情调笼罩全书，这正为以后的托尔斯泰所反感，因此是在别的小说中尽力摒除的东西。我们很熟悉这种感伤，我们熟识的这些幽默与热泪来自于狄更斯。托尔斯泰在《日记》中说过，狄更斯的《大卫·科波菲尔》是他81年的生命中最心爱的读物之一，曾对他产生过巨大的影响。他在高加索时还在重新欣赏这部小说。

据他自己承认他还受了两个人的影响：斯特恩与特普费尔。他说："那个时候，我受到了他们的感应。"

谁能想到《战争与和平》的作者选取的第一个模范竟是《日阿瓦短篇》呢？可是一旦知道，就不难在《童年时代》中找到那种热情而狡猾的纯朴被移植到一个更为贵族化的天性中的痕迹。

因此，初期的托尔斯泰，对于群众来说，已是一个似曾相识的脸孔。但不久他的个性便开始坚定了。《少年时代》(1853)虽不及《童年时代》那么纯粹和完美，却显示出一种更为特殊的心理，一种对自然的强烈的情感，一颗狄更斯和特普费尔没有的苦闷的灵魂。《一个绅士的早晨》(1852年10月)中，显然明白地形成了托尔斯泰的性格：大胆而真诚的观察，对爱的信念。在这篇小说中，他所描绘的几个农民的出色的肖像可以说是《民间故事》中美妙描写的发端，比如在此已可窥见他的《养蜂老人》的轮廓：桦树下面的矮小的老头，张开双手，眼睛望着上面，光秃秃的头顶在太阳下闪着光，在他周围飞舞着成群的蜜蜂，不但不刺他，反而在他头顶上形成一座闪亮的冠冕……（介绍了托尔斯泰的几部代表作，让读者对他的作品有了一个大致的了解。）

但这一时期的代表作却直接倾注了他当时的情感，如《高加索纪事》。其中第一篇就是《侵略》(完成于1852年12月24日)，其中最动人的是壮丽的景色：在一条河流旁边，太阳升起于万山丛中，热烈而生动的笔触写出了阴影与声音的夜景；而晚上，当积雪的山峰消失在紫色的雾霭中的时候，澄澈的空气中飘荡着士兵们荡气回肠的歌声。（这一环境描写向我们呈现了一幅壮丽动人的画面，烘托出托尔斯泰对文字的掌控能力是极其精准的。）《战争与和平》中的好几个典型人物已在此尝试着出现了：那个真正的英雄赫洛彼夫大尉，他参加战斗，绝非为了他个人的兴致而是因为这是他的责任。他笨拙得有些可笑，从不理会他的周围的一切，他是“那些镇静而朴实，让人愿意用眼睛直望着他的那种俄罗斯人物”中的一员。在战斗中，当大家都改变时，只有他一个人不肯改变，“他，完全像人家一直看到的那样：同样平稳的声调，同样镇静的动作，在阴郁而天真的脸上还是同样质朴的表情”。他的身旁是一个中尉，扮演了莱蒙托夫的主人公，他本性善良，却做出一副粗野蛮横的样子。还有那个惹人怜爱的少尉，这个小家伙在第一仗上高兴得了不得，既可爱又可笑，准备亲吻每个人的颈项，因为幼稚而死于非命，就像彼佳·罗斯托夫。这一切都显露出托尔斯泰的真实面目，他冷静地观察着却并不参与他的伙伴们的精神。他已经发出声讨战争的呼声：“世界是这样的美好，为什么人们不能安静舒适地生活？在这广阔无垠、星光灿烂的天空之下，为什么要有仇恨、恶毒和自相残害的念头呢？一经接触自然，人类心中一切恶的成分，就应当全部消失了，因为自然最直接地把美和善体现出来。”（表现了托尔斯泰对于战争的不解，这里巧用设问，将托尔斯泰的疑问表现得淋漓尽致。)

这段时期观察得到的其他高加索记事，到了1854至1855年间才写成，例如《伐木》，用一种精确的写实手法，不过太冷峻了些，然而充满了对俄罗斯军人心理状态的新奇的记载——这种记录提前预告了未来；1856年写成的《在别动队中和一个莫斯科的老友的相遇》，描写一个漂泊的上流人物，成为一个放纵的下级军官，胆小怕事、撒谎、酗酒，他甚至还不如他自己看不起的士兵，——士兵还有牺牲的精神，他们中最差的也要比他强上百倍。(介绍了托尔斯泰两部作品中的军人形象，从中能够看出他对不同军人形象的不同认识。)

他这一时期作品的巅峰之作是《哥萨克》，这是托尔斯泰年轻的歌曲中最美的抒情小说之一，也是高加索的赞美诗。群山之上白雪皑皑，将它们巍峨的线条映射在万里碧空之中，书中充满了这种诗意。这部小说可以说是他的天才发挥得淋漓尽致的作品，有如春泉的狂流！爱情的洋溢！正如托尔斯泰所说："强劲的青春的神威，永不重复的天才的跳跃。"

"勇士们！善良的人们！我爱呀，我那么爱……他不断地重复，他想流泪。谁是勇士？他爱的是谁？为什么？他也不清楚。"(在语言描写中夹杂着三个问句，更能表现出托尔斯泰内心的情感。)

这种心灵的陶醉无限制地流溢在他的书中。和托尔斯泰一样，书中的主人翁奥列宁，到高加索来寻求新奇而冒险的生活；一个高加索的少女使他迷恋，他沉浸在矛盾重重的希望之中。他时而想着"幸福，是舍己为人"，时而又想"舍己为人是一种愚蠢的行为"；于是他几乎和高加索的一个叫叶罗什卡的老人想法相同："所有的都是有价值的。人类造出一切神就是为了带来欢乐，没有哪件事是犯罪的。和一个美丽的女子玩耍并非罪恶而是为了解救灵魂。"可是思想又有何用呢？只要活着就好。生存是全部的美好，所有的幸福，对于至强的、万有的生命来说，"生"即是神。一种狂热的自然主义的思想蛊惑而且吞噬了他的灵魂。"周围尽是野生的草木、数不清的鸟虫、成群结队的蚊虫、幽暗的绿雾，浊水在草叶下面奔流，空气温暖而芬芳"，(衬托出周围的景物特点，在这样的环境下人是很容易迷失方向的。)他迷失在森林中，就在离敌人的陷阱极近的地方，奥列宁"突然感到一种无法用语言表达的幸福，按照他童年时的习惯，他划着十字，默默地向什么人致谢”。如一个印度的云游僧一样，他满足地说，他在迷惑他的人生的漩涡中一个人失去了方向，无数看不见的生物潜伏在他周围窥探和等待着他的死亡，他的周围围绕着数不清的虫子，它们奔走相告：“到这儿来，到这儿来，伙伴们！赶紧去看那个可以让我们刺一下的人！”（表现了奥列宁的迷失，他已经无法找到前进的方向了。）

显而易见在这里他不再是一个俄国绅士，不再是莫斯科的上流人士，也不是什么人的朋友或亲戚，他只是一个有生命的物体，像蚊子，像雄鸟，像麋鹿，就像任何一个在他周围生存着的生物一样。

他将和它们同生存同消亡。“我将被青草覆盖……”而他的心中充满了喜悦。

年轻的托尔斯泰生活在对力量和人生的爱恋的狂热中。他紧紧地和自然融为一体，他将他的悲愁、他的欢乐和他的爱情全都交给自然。然而他犀利的洞察力从来未被这些浪漫的沉迷而淆乱。耳边没有别的作品能比得上这首热烈的诗，再也没有别的能有本书中那几篇的逼直的描写和真切的典型人物的刻画了。自然与人世的对峙是这本书的主要内容，这也是托尔斯泰一生最喜欢描写的主题之一，是他的信念之一；而这种对峙也使他能够找到《克勒策奏鸣曲》的某种严酷的语调，来批评人间的喜剧。他运用同样的真实来描写一切他所爱的人，自然界有生命的物体，他的朋友们和美丽的高加索女子都受到他明察秋毫的眼光的审视，他们的自私、狡诈、贪得无厌的恶习，被描画得淋漓尽致。（证明奥列宁现在已经脱离了绅士形象，变得和那些动物一样普通。）

高加索唤醒了他生命中隐藏的深刻的宗教性。人们一般对这真理精神的第一次出现无法给予准确的解释。他也是在对方答应保密的条件下才告诉他青春时代的知己、年轻的亚历山德拉·安德烈耶芙娜姑妈。在1859年5月3日的一封信中，他告诉她他的信仰。（托尔斯泰不轻易地表露出他的宗教信仰，这一点能够看出他的谨慎。）

“小时候我从不思考，只凭着热情和感伤而信仰。我14岁时开始思考人生问题。宗教无法和我自己的想法协调，对于我来说一切都是明白的、理性的，一步一步分析得很好的，却并没留给宗教任何地位，因此我把毁灭宗教当作一件值得称赞的事……以后，到了某个时期，人生对于我而言已毫无秘密，但也就是从那时起，人生也开始丧失了它的意义。那时候——也就是在高加索的时候、我孤独苦恼，我就像一个人一生只能如此地做一次的那样，用尽我所有的精神力量去探寻……这是殉道与幸福的时期。这两年我在思想上达到了前所未有的高度，在此期间我所做的前所未有的深刻的观察使我观察到的一切东西都成为信念。两年来我长久地从事这样的精神上的劳作，并从中找到了一条真理，古老而简单的真理，我刚刚知道而一般人尚未发觉，那就是人类的不朽性之一，即一种爱，一种永恒的幸福。要达到这种幸福，人应该为他人而活。我十分惊异地发现了这一点，因为它和基督教惊人地相似。因此我不再沿着自己的线索向前探索寻找，而是求诸《圣经》了。但是我并未找到什么，没有神祇，没有救世主，找不到任何东西……但是我的灵魂已经尽力了，我苦闷、痛苦地寻找着真理，渴求着真理……我和我的宗教变成一种孤立的存在了。”（在这封长信中，我们能够看到托尔斯泰是一个有着强烈宗教信仰的人。）

在信的结尾处，他又写道：“请你明了，请你理解！……我认为如果没有宗教的滋润，人无法真正地向善，更不可能得到幸福，我祈愿能够牢牢地握紧宗教，更甚于世上的任何东西，因为我觉得失去它，我的心灵会枯萎。但是，我并不信仰宗教，对于我来说，不是宗教创造了人生，而是人生创造了宗教。现在，我的内心是那样地枯槁萧索，呼唤着宗教的滋润，相信神会给我以指示，愿望会成为现实……对我而言，大自然是一个能够引导我皈依宗教的引路人，而每个人的道路各不相同，他们并不能事先认识这条道路，它深深地隐藏在每个人的灵魂之中……”（表现了托尔斯泰心中宗教信仰的重要性，这是深埋于他的灵魂中的。）

六、夫妇之间的幸福

1855 年 11 月，他在圣彼得堡的文人中间周旋。对于他来说，这些人是那么卑劣而虚伪，即使是那些远远望去仿佛闪耀着艺术之光的人物，比方说屠格涅夫，近看之后却让他悲哀而失望，尽管他曾那么佩服这个人，最近还题赠了他的《伐木》给这个人。他有一张1856年照的像片，正是他周旋于这个团体时的合影，其中包括屠格涅夫、奥斯特洛夫斯基、冈察洛夫、德鲁日宁和格里戈罗维奇。别人的态度都是随意自然的，只有他带着克制的、严肃冷峻的神情，深深凹陷下去的脸颊、骨骼分明的头以及直的交叉着的胳臂，在这些人旁边，异常显眼。（表现出了托尔斯泰和其他作家的格格不入，他讨厌这些人的虚伪。）他身着军装，站在这些文学家后头，就像苏亚雷斯说的那样："他不像是在参加这个圈子，更像是监视着这些人，简直就像是准备把他们押到监狱中去。"

然而对这位初来乍到的年轻的同行，大家都表现出恭维的态度。在他身上有两道光环，既是作家，又是塞瓦斯托波尔的英雄。曾在谈塞瓦斯托波尔的各幕时哭着喊"万岁"的屠格涅夫，此刻正亲密地把手伸向托尔斯泰，但这两个人并不能达成谅解与沟通。虽然他们的目光同样清晰敏锐，却灌注了两种不能调和的精神色彩：一个是诙谐的、多情善感的、幻灭和唯美的；另一个却有着坚硬而骄傲的脖颈，在对道德的思考中遭受困扰，却苦想着还不为人所知的神的奇迹。（对比了屠格涅夫和托尔斯泰两个人不同的精神色彩，而他们注定是不能达成谅解与沟通的。）就在这一年，托尔斯泰体尝了情欲、虚荣心和人类痛苦的底蕴和根源。

托尔斯泰不能原谅这些文学家的更主要的原因，是他们自信为一种优秀阶级，把自己看成人类的首领。他就像一个贵族、一个军官面对放浪的中产阶级与文人那般骄傲地体味到对他们的反感。还有一项也是他天生的特性，对此他自己也承认——就是"本能地反对大家所公认的一切论断"。由于总是对人群表示怀疑，对人类的理性总是抱着暗暗的轻蔑，这使得他随处发觉自己与别人的欺骗及虚伪。

"一切道德的表示对他来说都显得虚伪。他永远不相信别人的真诚。对于一个他认为没有说出实话的人，他会习惯性地用他非常深入的目光逼视着他……""他的嘴唇紧紧抿着，他用深深陷在眼眶里的灰色的眼睛怎样地逼视着他的对手！他是怎样地听着！脸上带着何等的讥讽的神情！"（透过这段语言描写，我们能够看到托尔斯泰是一个极其严肃的、对道德有着自己判断的人。）

屠格涅夫说，他从没有遇到过比这更尖锐的目光；加上两三个会令人恼羞成怒的简直恶毒的辞句，没有什么比这更难堪的了。托尔斯泰与屠格涅夫在第一次相见时就彼此不和。尽管后来，他们都镇静下来努力想互相达成共识，但时间只会使托尔斯泰离他的文学团体越来越远。他不能容忍这些艺术家一边过着腐化的生活，一方面又要宣扬所谓道德。

“我相信几乎所有的人，都有道德败坏的的一面，有恶的、没有品性的一面，比我在军队流浪生活中所遇到的人还要卑鄙。然而他们却如此吹嘘自己，就像一个十分完美的人一样快乐。这令我深感憎厌。”他和他们分离了，但在若干时间内他还保有如他们一样的对艺术的功利的看法。他的骄傲在其中得到了很大的满足，这种宗教能回报你丰厚的报酬，它能为你挣得“荣誉，金钱，女人……”（托尔斯泰认为所有人都有道德败坏的一面，都不是完美无缺的。但他对艺术的看法是功利的，将其比作可以带来丰厚报酬的宗教。）

“我有权利享有舒服而占有优势的地位……我曾是这个宗教中的重要人物之一。”

他把军中的职务完全辞去了，因为他要全身心地投入(1856年11月)。

然而他那种性格的人不可能长久地不关心外界。他愿意相信进步，他相信，他认为“这个名词有些意义”。

1857年1月29日起至7月30日止他出外旅游，包括法国、瑞士、德国——旅行动摇了这个信念。在巴黎，那是1857年4月6日看到执行死刑的情形，他认识到自己“迷信进步也是空虚的……”（表明了托尔斯泰开始明白迷信进步也是一种盲目的行为。）

“我全部的生命维持公共治安的理论了，当我看人的脑袋从身体上被割下来并掉到篮子中时，我全部的生命，没有一条原则能够证明这种行为的合理性。即使世界上所有的人都以为这是必要的，不管他们根据何种理论，我坚持认为这不合理，因为并非平常人所说的和所做的就是善恶标准，只有我的心可以。”

很快他又在卢塞恩看见一个短期内居住在施魏策尔霍夫的英国富翁不愿意帮助一个流浪的艺人，那是1857年7月7日，他在《涅赫留多夫亲王日记》上写到的他对一切自由主义者存有幻想都来源于这一幕，他表达了对那些“在善与恶的口号中唱着幻想高调的人”的失望与轻蔑。

“文明即善，野蛮即恶；自由即善，奴役即恶。这是他们的说法。本能的、原始的、最好的要求遭到了毁坏。谁能解释清楚到底什么是自由、什么是奴役、什么是文明、什么是野蛮？这些幻想的认识所谓善与恶在什么情况下能够不存在呢？鼓励我们有关联的亲爱的无处不在的神灵是我们唯一可靠的指引者。”（表达了托尔斯泰对于文明和自由的领悟，再一次请求神的指引，由此可见他的宗教信仰。）

他又开始观察农民运动。在回到俄罗斯、他的故乡亚斯纳亚之后，并不表示他对于民众的幻想已完全破灭。他写道：“民众或者的确是一些好人的集团，民众的代言人当然都那么说。然而，在流于平庸、卑鄙的方面，他们团结得如此紧密，恰恰反映了人类固有的负面的一些特质，比方说残忍。”

因此在他看来急待唤醒的应当是大家的个人意识，而不是群众，最重要的是民众中每个儿童的意识，因为儿童才是希望所在。于是他创办学校，虽然他也不懂怎么授课。从1860年7月3日到1861年4月23日他第二次到欧洲旅行，这一次是为了学习。（交代了托尔斯泰办学校的目的和他为此而做的准备。）

他认真学习比较各种各样的教育论，很快又丢掉了这些学说。学校对他来说显得可笑。在马赛的两次停留，使他认识到真正的民众教育，并不需要正规的学校教育，例如报纸、博物馆、图书馆、街道，生活中的一切都可以是“无意识的”或“自然的”学校。他认为填鸭式的学校教育是不明智的、愚蠢的。他要创立并试验的即是自然的学校。所以当他回到亚斯纳亚·波利亚纳的时候，他设立的规则是自由。他拒绝接受特殊阶级以及“享有特权的自由社会”，因此他不能强迫他并不了解的民众学习他的学问和错误。他清楚自己没有这一权利。

在大学里，这种填鸭式教育，从来不能培养“人类所需要的人，只能培养官僚、官僚式的学者、官僚式的文人，还有一些盲无目的地被从旧环境中驱逐出来的人。少年时代骄傲自负，终于在社会上没有立足之地，只能变成病态而骄纵的所谓“自由主义者”，堕落为被社会唾弃的人。民众应当表达他们的要求！（表明了托尔斯泰想要创办的大学的理念，他拒绝接受填鸭式的教学模式。)他们不喜欢“一般知识分子迫使他们学习的阅读与写作的技艺”,因为他们有他们的理由。他想试着去了解他们,他们有更迫切更合理的精神需要。他希望能在这方面帮助他们!

托尔斯泰决心在亚斯纳亚做一番实验,在那里他不像是他们的老师却更像一个学生。他以一个革命主义者的保守家的理论,努力在农业种植中采用更实在的精神。他在地主与政府滥施威权之下成为民众代言人。(承接上文,启示下文,起到了过渡作用。)

1861年,他担任了克拉皮夫纳地区的地方仲裁人。

他不能满足于社会活动,这并未占据他全部的身心,虽然他投入了不少在其中。他心中继续有多种情绪在纠缠他,他需要这些,虽然他努力与民众靠近。享乐的欲望不时地侵扰他,一种不安的性情不断地撩拨他。他不惜涉险去打猎。他用大量的金钱赌博。他瞧不起圣彼得堡文坛,却会受到它的影响。他因为厌恶的缘故,精神陷入狂乱状态。当时他刚迷途知返,与此相应这时期的作品便不幸地在艺术上与精神上打上了犹疑不定的烙印。倾向于典雅、夸大、浮华的《两个轻骑兵》(1856),相对于托尔斯泰的全体作品是不和谐的。1857年写于法国第戎的《阿尔贝》,缺少他所惯有的深刻与精确,是疲倦的、古怪的。而更动人、更早熟的《记数人日记》(1856),似乎表明了托尔斯泰对于自己的厌恶。(举出了托尔斯泰的几部具体作品,说明了他的文学主张和倾向。)涅赫留多夫亲王,他的化身,在一个下流的地方自尽了:“财富、名气、思想、敏捷的反应,他拥有一切,他没有犯过什么罪,然而他戕害了他的心灵,他的青春最糟糕的事情是他迷失了自我;可并非为了什么强烈的欲望,只是因为缺乏意志。”

就是死亡也不能让他有所改变:“同样的犹豫,期待的矛盾,思想上仍未成熟稳重……”

这时代即将出现在死……它开始侵蚀着托尔斯泰的灵魂。在《三个死者》(1859)中,已经预示了《伊万·伊里奇之死》一书中对死所做的阴沉的分析,对于生者的怨恨、死者的孤独,“为什么?”他打出了三个毫无希望的问句。《三个死者》中有钱的妇人、患痨病的老兵、被砍断的桦树,他们确有伟大之处,刻画得颇为逼真,形象也十分动人,尽管桦树之死缺少托尔斯泰式的写景美的明确的诗意，作品结构也稍显松懈；但问题在于，我们不知他追求的是为艺术的艺术还是追求具有道德用意的艺术！（作者对托尔斯泰所创作的《三个死者》这部作品做出了独到的赏析见解。）

其实，托尔斯泰自己也并不清楚这一点。1859年2月14日，他参加了在莫斯科举行的俄罗斯文学评论家协会的招待会，讲演中他主张为艺术而艺术，被作为“纯艺术的文学家的代表”。该会的会长霍米亚科夫，在向他致敬之后，将社会与道德的艺术提出来与他进行辩论。

一年之后，1860年9月19日，尼古拉，他钟爱的哥哥，因患肺病在耶尔去世。这一噩耗大大震动了托尔斯泰的心灵，他“在善方面的一切信念”都产生了动摇，他开始对艺术怀疑和厌烦：“毫无疑问，真理是残酷的，只要想知道真理，想表达真理的欲望还存在，人们就会千方百计地去了解真理和表达真理。在我关于道德的概念中，这是能够保留下来的唯一的东西、也是我唯一将付诸实践的东西，艺术不可以。艺术是美丽的谎言，我无法爱它。”（从中能够看出托尔斯泰对哥哥的逝世多么的悲痛，他开始怀疑艺术。）

可是，还不到六个月，在《波利库什尔》一书当中，他又再次拾起了这个“美丽的谎言”。在对金钱及其罪恶的有力的批判与诅咒之外，这部作品可能是较少有道德教化味的作品，是为艺术而作的纯粹艺术的作品。诚然它有一些缺点：描写过于繁复美艳，材料太丰富，到了能够写一部长篇小说的地步，诙谐的开头与太严峻的转弯处的对比太强烈以致于显得残酷；可是我们不得不承认，这是一部优秀的作品。（交代了托尔斯泰的《波利库什尔》尽管有缺点，但还是一部优秀的作品。）

这段时期是个过渡，托尔斯泰天生的才能在探索和疑虑中开始有些不耐烦了。“不再有强烈的情欲，主宰一切的意志也没有了”，如他自己在《记数人日记》中描写的涅赫留多夫亲王一样，可是在这时期中产生了《夫妇间的幸福》(1859)。这是他迄今为止从未有过的精纯的作品，这不能不说是爱情的奇迹。

许多年来，他轮流地爱过她们母女四个。他已经和别尔斯一家十分亲密。后来他终于确认自己是真的爱上了第二个姑娘。但他不敢承认。索菲娅·安德烈耶芙娜·别尔斯才17岁，还是一个孩子，他已经三十余岁:他认为已没有权利把他疲惫的、污浊的人生和一个无邪少女的生活结合在一起了。他已是一个老人,于是他隐忍了三年。后来,他在《安娜·卡列尼娜》中泄露了他如何对索菲娅·别尔斯表白他的爱情以及她怎样回答他的经过。就像《安娜·卡列尼娜》中的列文一般,两个人用一块铅粉,在一张桌子上描画他们所不敢说的言辞的第一个字母。他极端坦诚,他把《日记》给他的未婚妻阅读,她完全明了他过去的一切包括可耻的事,索菲娅感到一种极端的痛苦。这一点也和《安娜·卡列尼娜》中的琪蒂一样。终于,1862年9月23日,他们结婚了。(从中能够看出托尔斯泰将自己的生活融入作品之中,他的作品里常常有他自己的英姿。)

在写《夫妇间的幸福》时,虽然仍在三年以前,但这婚姻在诗人思想中已经实现了。他在这三年内,早已体会到:尚未察觉的爱情,那些不可磨灭的日子,爱情那些醉人的已经显露了的日子,那一刻渴望中的神秘生活的情话倾诉,那一刻为了"永不回头的幸福"而流泪以及新婚的得意、自私的爱情,"欢乐永无休止,没有尽头"。(表现了托尔斯泰对于爱情的观点和他对爱的渴望。)而厌倦却随之而来,不快,模模糊糊,烦闷单调的生活,两个结合着的灵魂分解了、远离了,慢慢地,以及对于含有危险性的世俗少妇的迷醉;于是爱情闭幕了、丧失了,如对于卖弄风情、嫉妒、无可救药的误会。终于,温柔的、凄凉的心的秋天来了,景况重现的爱情衰老了、流泪了,变得苍白。(爱情并不是永远都幸福快乐的,其中一定会夹杂着其他因素。)五色的面目,互相伤害的追悔,各种经历的回忆,虚度的更凄恻动人的岁月;以后便是晚间的宁静与清明,从热情的传奇生活转到慈祥的母爱的这个庄严的阶段,爱情转变成友谊……一切的一切应当降临,托尔斯泰都已预先梦想到、体味到。而且他在爱人身上实验,为了要把这一切过得更加透彻——也许是托尔斯泰作品中唯一的一次。他的小说的故事第一次在一个妇人心中展示,而且由她口述。何等的精彩!这是浸透着贞洁之露的心灵的美……这一次,托尔斯泰的分析不再强烈地坚持着要揭露真理,放弃了他过分的光彩。心灵深处的秘密不是倾吐出来就可以让人窥测得到的,托尔斯泰的艺术之心正在变得柔和。在形式与思想上就是一种和谐的均衡,所以《夫妇间的幸福》是一部完美的拉辛式作品。

婚姻，托尔斯泰已深切地预感到婚姻的甜蜜与骚乱，必将成为他的救星。他早已学会以一种傲慢的、得意的高姿态去应付世人。他们在对他最开始的成功作品热情地称颂之后，很快便报以沉默与冷淡。托尔斯泰此刻开始对一切感到厌倦，包括他自己以及他努力奋斗的目标。（表现出了托尔斯泰对于婚姻的认识，他知道自己是要与它产生密不可分的关系的。）

“群众是不可靠的，我再也不必在乎他们想些什么了。原本我并不喜欢自己的一种普遍性，可我的成名却使它丧失了。这样也好，我终于明白自己想说什么，并且十分清楚应当怎样说才更加有力量。”（托尔斯泰开始怀疑自己坚信的群众的力量，此时他觉得他们是不可靠的。）

遗憾的是他仍只是一厢情愿，连他自己也未必能够掌握他的力量。正如他自己在谈到《波利库什卡》的时候说：“这不过是一个会拿笔的人罢了，只是会拿笔就可以大放厥词。”因此，他只是拥有工具：文学语言，可是他还不懂得拿来运用。1862 年，他辞掉了地方仲裁人的职位。就在这一年，警察局开始在亚斯纳亚·波利亚纳疯狂搜捕，学校也被封了，他的社会事业就这样结束了。不过当时托尔斯泰因为肺病的缘故正在别处静养，不在家中。

“我承认我很痛苦，甚至都病倒了。仲裁纠纷让人难堪，学校事务空乏无味。我必须教育别人，于是我毫不遮掩我的愚昧，终于招来了猜忌和怀疑。我心力交瘁，几乎无药可医。在那个时刻我就该陷入绝境了，正如 15 年后一样。不过就当是我发现了人生的另一面，它足以使我获救，我庆幸自己及时地找到了家庭生活的幸福感。”（此时的痛苦，学校的事情使托尔斯泰变得疲惫不堪，还好他能够从家庭生活中找到慰藉。）

七、两部巨著

托尔斯泰以最大的热情去体验他的家庭幸福，正如他投入其他一切事业一样。事实也证明这幸福是值得享受的。托尔斯泰伯爵夫人是如此地称职：她关心丈夫的每一部作品，和他一起努力，为他笔录口述的内容，誊抄他的文稿……更可贵的是，她本人具有极高的文学才华，可以从艺术上对丈夫发生影响。她丝毫无愧于她自己所宣称的，她是“一个真正的作家夫人”。即便宗教的魔鬼从托尔斯泰幼年时起就在诱使他抛弃艺术，他的夫人也在努力保护他的心灵。与此同时，她还赶走了社会乌托邦对他的入侵。她用女性天生细腻的心灵滋润着我们的天才，使他获得灵感的源泉。（表现了托尔斯泰的夫人对他无微不至的照顾和真正的关心与体贴。）我们可以看到，这一时期，因为夫人索菲娅·别尔斯的温柔的爱情滋润而成的《夫妇间的幸福》中，女人有了与以往不同的明显地位。而他的初期作品中除了《童年时代》与《少年时代》一些美丽的形象外，几乎没有或很少有女人的出现。而此后则越来越多，包括少女与妇人。不仅如此，这些女人甚至有了超过男性的丰富多彩的生活。毋庸置疑，托尔斯泰在《战争与和平》以及《安娜·卡列尼娜》这两部不朽之著中都描绘了夫人的影子，如娜塔莎与琪蒂。由于《安娜·卡列尼娜》中若干部分十分像是出于女子的手笔，我们不妨设想，由于他夫人的心灵与艺术与他的契合，她完全可以成为他难得的秘密合作者。

于是君临19世纪整个文坛的两部小说巨著出现了：《战争与和平》和《安娜·卡列尼娜》(1873—1877)。很难想象，如果没有爱情的滋润，如果不是上天恩赐这一段幸福的婚姻，托尔斯泰是否能够拥有长达10到15年的宁静与安全去完成他的梦想，创作出如此的思想杰作！（作者在托尔斯泰的作品中看出了他夫人对他的影响，于是这两部作品中便有了爱情的滋润。）

我们这个时代的最伟大的史诗是《战争与和平》，相当于近代的《伊利亚特》。其中跃动着整个世界的无数的人物与热情，把一颗最崇高的灵魂，矗立在波涛汹涌的人间，震撼着狂风暴雨，宁静地鼓动着。我总是会想起荷马与歌德，每当对着这部作品冥想的时候，尽管精神与时代都不一样，但我的确发现托尔斯泰的思想得力于荷马与歌德。而且，在他对种种不同的文学品类进行规定的1865年的记录中，《奥德赛》《伊利亚特》《1805》等都被归入一类。他的关于个体命运的小说，加入描写战争与民生，描写亿万生灵的意志交融着的巨大的人群的小说，这属于他思想的自然的动作。他懂得了俄罗斯的国魂和它古老的生命，通过他得自塞瓦斯托波尔围城时的悲壮的经验。在他计划中，巨大的《战争与和平》

原本是一组史诗般的大壁画中的一幅中心的画，自彼得大帝到十二月党人时代的俄罗斯史迹的大壁画。（作者对《战争与和平》这本书进行了褒奖，将它与《伊利亚特》并驾齐驱。）

只有注意到它潜在的统一性，才能真切地感到这件作品的力量。多数的法国读者，只看见无数的枝节，为之眼花缭乱不免短视。他们迷失在这人生的森林中了。必须使自己超越一切，把目光投向无障蔽的天空和丛林原野的范围，这样我们才能体会作品的永恒的静寂的法则、命运的强有力的气息的节奏、荷马式的精神。就像《创世记》中的上帝君临着茫无边际的海洋一般，情感统率一切枝节的全体，天才统制作品的艺人。

最初的 100 页是一片平静的海洋。在战争前夜俄罗斯社会所享有的和平，他用极准确的手法与讥讽口吻，卓越地映现出浮动的灵魂的虚无幻灭之境。当这些活死人中最糟糕的一个，瓦西里亲王发出一声人生的叫喊已经到了第 100 页："究竟为了什么？我们亵渎，我们欺骗，我已年过半百，我的朋友……死了，一切都完了……死，多么可怕！"（举出了《战争与和平》这本书中的具体例子，让我们看到了托尔斯泰的情感关注。）

这些灰暗的、欺诈的、无所事事的、渴望堕落与犯罪的灵魂，也偶尔显露着一些比较纯洁的天性的人。在诚实的人中，例如皮埃尔·别祖霍夫的天真朴讷，玛丽亚·德米特里耶芙娜的独立不羁的性格与俄罗斯情操，罗斯托夫饱含着的青春之气；在善良与忍让的灵魂中，例如玛丽亚公主，还有一些很高傲但并不善良却被这无聊的生活所折磨的人，如安德烈亲王。（介绍了托尔斯泰书中的很多人物，让我们大致了解他们身上的闪光点。）

可是俄罗斯军队在奥国，宿命支配着的战争无可幸免，而在这发泄着一切兽性的场合中再没有比宿命更能主宰一切的了。波涛开始翻腾了，第一是"行动"。真正的领袖是如库图佐夫或巴格拉季昂般，并不设法要指挥调度，"一切在实际上只是环境促成的后果，由属下的意志获得的成绩，也许竟是偶然的现象，但他们要令人不得不相信他们自己的意志和那些力量是完全和谐一致的"。这是服从命运摆布的好处！这种健全的情状是属于纯粹行动的幸福。惶乱的精神再次找到了它们的平衡。安德烈亲王开始有了真正的生活，得以呼吸了……正当皮埃尔与玛丽亚公主受着潮流的感染、两个最优越的心魂沉溺于爱河中时，在他的本土和这生命的气息与神圣的风波远离着的地方，安德烈在奥斯特利茨受伤了，他突然失掉了对于行动的陶醉性，猛然间得到了无限清明的启示。当他仰面躺着，“他只看见极高远的地方，一片无垠的青天在他的头上，几片灰色的浮云软弱地飘浮着”。

“多么宁静！多么平和！和我狂乱的奔驰相差多远！我怎么从前从来没有看见这美丽的天？我何等的幸福！终于窥见了，除了它……它之外，什么也没有。是的，一切是空虚，一切是欺骗……那么，感谢上帝吧！”（大量运用感叹句，强烈地抒发了托尔斯泰的内心情感。）

然而，灰心的、烦闷的生活恢复了，波潮重新低落。暗自沮丧的人们，在都市的诱惑的空气中、在颓废的黑夜中徘徊。有时，在污浊的毒气中，大自然的醉人的气息，春天、爱情、盲目的力量融进来，使诱人的娜塔莎去接近安德烈亲王。然而过不了多久，她却投入首先追逐她的男子怀中。“君临着恶浊的尘土的无垠的天”依然不变！已经有多少的诗意、温情、心地纯洁被这尘世玷污！可是人们却看不见，即使是安德烈也忘记了奥斯特利茨的光明。天只是“阴郁沉重的存在”，到处一片虚无，一切都只是因为他。（作者极力渲染了一种气氛，这种气氛带领着我们走进了托尔斯泰所创作的作品之中。）

只有战争的骚动才能重新刺激他们，这些枯萎贫弱的心魂。终于国家受到威胁了。1812 年 9 月 7 日，这庄严伟大的日子啊，鲍罗金诺村失陷了，仇恨都被消灭了。道洛霍夫和他的敌人皮埃尔拥抱在一起。受伤的安德烈，为了憎恨的人，病痛中的邻居阿纳托里·库拉金他生平所遭受的苦难而充满着温情与怜悯地痛哭，一切心灵都契合了，正因为一种强烈的为国牺牲和对于神圣的律令的屈服。

“接受这不可避免的战争……严肃、郑重地，把人的自由在神圣的律令前低首屈服，最艰难的磨炼莫过于此。心的质朴在服从神的意志时才显出。”（表现了人们的屈服，他们没有选择的余地，接受了这场不可避免的战争。）

俄国民族精神之语和它为命运所屈服的代表便是库图佐夫大将军。

“这个老人，他没有用以综合事物推导结论的聪明，只有满腔热情的经验，因为他热情，他观照故事的目光的哲学，他一事无成，什么也发明不了；但他懂得回忆，一边听着，一边回忆从前，不浪费其中有用的部分，也不会搀杂有害的部分。他能从他的士兵的脸上，发现若隐若现的叫作战胜的意志，与争取更大胜利的力量。他承认展现在他眼前的事物的必然的动向，是强于他的意志的东西，所有的都在他眼中，他也知道避开他的个人意志的影响，去追随它们。”

当然还有他那颗流着俄罗斯血液的心。普拉东·卡拉塔耶夫那个可怜的乡下人，身上俄国人那种又是坚定又是悲怆的宿命观念也被人格化了，即使在痛苦甚至死亡的时候也含着他那种慈祥的微笑，他也是质朴的、真挚的、有节制的皮埃尔与安德烈。两个书中的英雄，历经各种磨难，在劫难的国家历经各种忧患，但他们终于解脱精神达到了这欢乐和神秘境界，全凭着真挚的对神的爱与信仰。（介绍了托尔斯泰书中的普拉东·卡拉塔耶夫，让我们看到了他的质朴和真挚。）

在本书末尾，讲述了从拿破仑时代发展到十二月党人这个时代的过渡时期，托尔斯泰没有结束在这里。他要让人们看到生命的继续与交迭。并不是所有的开始与结束全在骚乱中，进行就像他开始时一样，托尔斯泰停留在一波未平一波继起的阶段中。新一代的英雄，与复生于人世的死者，和他们重新产生的冲突，我们都能去看到。

因为多数人的涉入，我只有尝试着总结这部小说的重要线索。但是书中所描绘成百个性格迥异的英雄，刻画得那样真实，兵士、农夫、贵族、俄国人、奥国人、法国人……让人怀念。我们怎么才能把这些人物的惊人的生命力展现出来？这里不存在任何临时构造之迹。托尔斯泰曾经为这这些在欧罗巴文学中独一无二的肖像描述过无数的雏形，就像他自己说的那样，“他们是无数次的计划组织成功的”，他以前的随笔，他个人的回忆，利用他自己的家谱与史料，到图书馆去搜寻。作品的坚定性就是从这种周密的准备中得来，可它的自然性却不会因此失去。（表现出托尔斯泰对于作品所持有认真负责的态度。）我们一定能真真实实地感受到托尔斯泰写作时的热切与欢愉。而《战争与和平》的最大魅力，就在于它那颗年轻的心。那和泉水一样透彻的童心，就好像莫扎特曲折动人的旋律般，比如年轻的尼古拉·罗斯托夫·索尼娅，还有可怜的小彼佳。

托尔斯泰再没有其他的作品像本书一样富于童心了。

最美丽的当然是可爱的小女子娜塔莎。我们看她一天天长大，了解她的一生，知道她神秘莫测、娇憨可爱，有颗容易陷入爱恋的心。谁会不认识她呢？谁不对她充满着对于姊妹般的纯洁的感情呢？娜塔莎在美好的春夜的月色中，凭栏幻想，说着热情的话，安德烈隔着一层楼倾听着她……恋爱的心绪，第一次的舞蹈，对爱情的期待，无限的渴望与梦想，在暗夜映现着神秘光亮的积雪林中滑冰——你被大自然的迷人的温情打动着。（这里运用了两个反问句，表现出每个人都认识娜塔莎，证明了托尔斯泰刻画的人物的鲜明性格特点。）奇妙的艺术天地，剧院之夜，心乱了，沉溺在爱情中的肉体的狂乱，灵魂要洗礼，痛苦的灵魂，守候着将死的爱人，多么神圣的怜悯之心……我们禁不住要产生和感染在一个陷于爱河的情绪。当这些可怜的回忆被唤起时，天啊！和戏剧比起来这样的一种创造性和现代性的小说，便显出前者中女性人物的苍白了！小说抓住了生命，那么柔软，人物转变得那么流畅，我们都可以看到它一点点裂变。（具体表现了娜塔莎的性格特点体现了她的热情，将人物形象刻画得惟妙惟肖。）——外表虽丑而心灵美丽的玛丽亚公主也是一幅同样完美的图画；当看到深藏着一切的心的秘密突然被揭示于众时，这胆小怯懦的女子，和其他相仿的女子一样脸红起来。

正如我从前说过的，本书中女子的性格总的说来比男子的性格高出许多，特别是高出于软弱的皮埃尔·别祖霍夫与热烈却乏味的安德烈·保尔康斯基。托尔斯泰托寄很多他自己的思想在这两个英雄身上。这两个英雄缺少实质灵魂，他们永远踌躇止步不前；他们根本不前进，只在两端中间徘徊。不用说，这正是俄国人的灵魂。可是我发现是因为这个原因屠格涅夫在批评托尔斯泰的心理时总是停止不前，可见俄国人也有同样的批评。托尔斯泰自己也承认他有时会为了伟大的史诗画面牺牲了一些人物的个性。“没有真实的发展、永远的质疑，有的只是情绪的躁动。”（作者对托尔斯泰笔下的两位英雄人物进行了评述，并解释了他们性格缺陷产生的原因。）

不过也正因为这一点，《战争与和平》一书的光荣，就在于民族移植与对国家争战的怀念。说到整个历史时代的重现，就像在荷马的英雄背后一样,有神明在引导他们。这些神灵就像不可见的力,在它的各个不同民族的真正的英雄后面,“是指引着大众的绝对的渺小”,是“无尽”的气息。一种不可知的命运支配着惶恐的国度,在这些巨人的斗争中,含有一种神秘的伟大力量。除了《伊利亚特》之外,只有印度的史诗可以比得上它。(表现出了作者对《战争与和平》这本书的由衷赞美。)

这个成熟时期的作品的顶峰——《安娜·卡列尼娜》与《战争与和平》。更炉火纯青的艺术手法、更饱满的经验以及支配《战争与和平》的思想,使《战争与和平》成为一部更加完美的作品。它揭示出心灵的一切秘密,只是缺少《战争与和平》火焰般的青春、热烈的朝气,以及夺人的气势。因为新婚时的平静转瞬即逝了。托尔斯泰已没有同样的快乐来供他创造了。精神苦闷再一次渗入了托尔斯泰伯爵夫人努力建造在他身边的爱情与艺术的保护伞。

托尔斯泰在结婚后的一年中写下《战争与和平》的最初几章中,在安德烈向皮埃尔诉说他关于婚姻问题的心语时,表示觉得心爱的女人只是天生的敌人,是一个和自己无关的外人,是不自觉阻碍他的思想发展的人,一种前所未有的幻灭出现了。没过多久他又感染宗教的苦闷,1865年的书信,已可以看出这一点。生活的幸福很快平复了这些短期的威胁。但是1869年却产生了更严重的震撼——正是托尔斯泰完成《战争与和平》的时候。(表现了托尔斯泰在创作《战争与和平》这本书时的思想变化过程。)

在那几天,他离开了家人到某处去参观。一天早上刚两点钟,他正在睡觉。

“我睡得很深,感觉很舒服,因为我太累了。突然,一种悲伤,一种从没有过的悲怆,非常可怕非常骇人。我仔细地说给你听:我跳下床,立刻叫人套马。可是就在人家给我套马时,我又睡过去了,当我又醒来时,我已经没事了。第二天,又是这样,不过比前几次好一些……”

《战争与和平》的完成使艺术家在精神上空白了一段,艺术家再次被教育学、哲学的研究吸引了:他要在这段空白里,写一部给平民的启蒙读本。为了这部作品,他甚至比《战争与和平》更为仔细。他埋首工作了四年,他在1872年写成了第一部,又在1875年写了第二部。然后,他从早到晚地狂热地研究希腊文，抛开了其他一切的工作。他发现了真正的荷马，那不是翻译家转述出来的荷马，“微妙的色诺芬”与荷马，是另一个将身心都投入到歌唱的妖精的绝唱了。（表现出托尔斯泰对于《战争与和平》这部作品的重视，而且在研究的过程中，他发现了真正的荷马。）不是那些茹科夫斯基与福斯那样的庸俗颓唐的歌声，托尔斯泰伯爵夫人辛辛苦苦用爱情与艺术建造成的理想的殿堂崩溃了。

“不懂希腊文，就不能有学问！我相信真美就在人类语言中，美是单纯的，我以前居然没发现。”

他自己也说这是一种狂热，他那么疯狂，重新投入到学校的经营的事情上，然后病倒了。1871 年他在萨马拉的巴奇琪尔斯那里休养。那时，除了希腊文他什么都不满意。1872 年，在所有的讼诉纠纷结束之后，他要出售他在俄罗斯全部的财产住到英国去。这一次是千真万确的，为此托尔斯泰伯爵夫人悲哀地叹息：“你将永远得不到康复，如果你就这么沉溺在希腊文中。正是它麻痹了你目前的生活中的这些悲惨，它使你精神面临死亡。所以，人们把希腊文叫作死文字。”（表现了托尔斯泰夫人对于他研究希腊文的不解和对他怪异行为的控诉。）

最后到了 1873 年 3 月 19 日，放弃了不少初具规模的计划以后，托尔斯泰着手写《安娜·卡列尼娜》。这件事使伯爵夫人非常开心。可是正在他努力制造这部小书的时候，他的妻子病倒了。他的生活因为家庭中那些丧事的影响而变得暗然枯索，“没有美满的幸福的家庭……”

除了在讲到列文订婚的几章有些美丽的描绘外，本书中提到的爱情，早就找不到《战争与和平》中许多篇幅的青春气息了，这说明作品上已经隐约留着作家惨淡的经验与熄灭的热情的迹象。那些篇章是完全可以和具有时代的出色的抒情诗相媲美的。这里没有《战争与和平》里那种神，也没有一个人来支配命运；这里的爱情显露一种残暴的、肉欲的、嚣张的品格，而且是狂野的爱恋统治这部小说，是定命论。（将《安娜·卡列尼娜》和《战争与和平》做对比，发现少了很多青春的气息。）当安娜与沃伦斯基在美妙的舞会景色中不知不觉陷入爱情的时候，在这天真的、美丽的、智慧的、穿黑衣的安娜身上，又具有了“一种像魔魅般的诱惑力”。同时爱神给安娜脸上加了一种光辉。当沃伦斯基宣布爱情的时候，“那光辉是爱而不是快乐。是在黑夜中突然爆发的火灾的骇人的耀眼光辉”。这使原本光明磊落、理智聪明的少女的血管中充满着肉欲的力量，而且把爱情留在她的心中的还是这爱神，他一直到把这颗心磨得粉碎的时候才离去。没有一个与安娜接近的人感受不到这隐藏着的鬼魅的诱惑力与破坏力。第一个恐慌地察觉到它的是琪蒂。当沃伦斯基去看安娜时，他的欢乐中也掺杂有莫名的恐惧。至于列文，他全部的意志都在她面前崩溃了，安娜自己也控制不了自己。无可震慑的情欲随着故事一步步的发展，把这傲人的道德的壁垒全部摧毁了。她的诚挚而勇敢的灵魂，她所有的安全的心灵瓦解了，落下碎片了。她的生命除了搏得她的爱人的怜惜之外更没有别的目标，她已没有力量抛弃世俗的虚荣。她羞怯地不让自己怀孕，她遭受着嫉妒的熬煎，她完全被压制了，因为性欲的原因，迫使她到处伪装，在行动中说话中眼神中，她成为那样的女人，无论如何让男子都要为她回首一瞥。她被吗啡麻醉着，仍然无法忍受那种苦恼，而自己道德的堕落和悲痛的情绪使她纵身于火车轮下。她时常梦见和沃伦斯基相遇的幻象，“而那胡须乱蓬蓬的乡下人”，“站在火车的脚踏板上低头看着铁道”，那好像是预言的梦境表明，“她俯身伏在隐藏的一个口袋上，可能是她从前的生命、苦闷、欺骗和伤痛……”（展现了安娜的性格特点和最终导致她悲惨结局的放浪生活，这一切都为情节的发展埋下了伏笔。）

上帝说：“我有权报复。”

这是为托尔斯泰以极深刻的笔法一鼓作气绘制的一幅画，这是被爱情征服、被神的诅咒所煎熬的灵魂的悲剧。就像在《战争与和平》中一样，托尔斯泰在这悲剧周围，安排了其他人物。可惜的是这些历史是平行的，衔接得太快太生硬，没有达到《战争与和平》中那种和谐的交响曲般的境界。人们也发现其中一些完全写实的场面有时是多余的，如圣彼得堡的贵族阶级与他们的闲聊。另外，托尔斯泰比《战争与和平》更明显地把他的人格与他的哲学思想和人生经历交错在一起。但作品和《战争与和平》中同样众多的人物、同样惊人地准确，并不因此而减少它的富丽。我认为男子的形象更为出色。比如斯捷潘·阿尔卡杰维奇，那可爱的自私主义者，在托尔斯泰描绘下没有一个人见了他能不回应他的好意的微笑。还有高级官员的典型卡列宁，英俊而平俗的政治家，尊严与怯弱的混合品，虚伪世界的奇特的产物，永远借着讥讽来隐藏自己的情感，虽然他聪明慷慨，终于无法摆脱这个虚伪世界，因为当他听任自己的情感摆布时，他便堕入一种神秘的虚无境界——所以他的不信任自己的心并没什么不好。（展现了这本书中男性人物的性格特点，而他们在此更出色，这一点是与《战争与和平》截然不同的。）

除了安娜的悲剧和1860年时代的俄国社会——沙龙、军官俱乐部、舞会、戏院、赛马——诸多色相之外，这部小说的主要意义，其实含有自传的性质。列文较之托尔斯泰所塑造的其他许多的人物，更加相当于他的化身。托尔斯泰不仅赋予他自己既保守又民主的思想，以及乡间贵族式的轻蔑知识阶级的反自由主义，而且亦赋予了他自己的生命。列文与琪蒂的爱情和他们婚后的最初几年，正是他自己的变相的回忆，因为列文的兄弟之死正是托尔斯泰失去他的兄弟德米特里的痛苦的体现。最后一编，只是使我们看出他那时候内心惶恐的原因，在小说上是全部无用的。（介绍了列文的思想特点和他的生活实况。）如果说《战争与和平》的结尾，是艺术上的过渡，是为了转入另一部拟议中的作品，《安娜·卡列尼娜》的结尾则是两年以后精神革命的过渡，正如在《忏悔录》中宣露的那样。他在本书中，已多次以一种讽刺的或激烈的形式批评他在将来的著作中所不住地攻击的东西。当时的俄国社会，攻击谎言，对于道德的谎言和对于罪恶的谎言同样恶劣，攻击一切谎言，抨击世俗的虚伪的慈悲，沙龙中的伪善的宗教以及博爱主义指斥的自由论调！整个社会宣战，都在魅惑一切真实的情操，灭绝心灵的活力！他毫不留情地在社会的陈腐的法则之上，让死亡突然放射出一道光明。（表现了作者对这部作品的一些独到的看法。）他让矫情的卡列宁在垂危的安娜前面，感动了。居然也有一道爱的光明在具有基督徒的宽恕中透入。这没有生命，一切都是造作的心灵，一霎时，丈夫、妻子、情人——统统都改变了。但当安娜渐次回复时，一切变得质朴正直。三人都觉得更有另一种力量，粗犷的、极强的，不由他们自主地支配着他们的生命，"除了一种内在地支配他们的几乎是圣洁的力量之外，使他们不再得以享受和平"。"他们不得不作恶，并且这种恶是为社会所认为必须的。"而他们早就知道他们在这场战斗中的无能。

就连一向没有信仰、也不肯真正怀疑的列文也因为受到死亡的感动而变得开化了。而列文正是托尔斯泰自己的化身。在这部书的结尾，他为自己兄弟的死而感到恐惧，为自己的愚蠢而感到痛悔。尽管这些负面的性情由于婚姻生活的到来而暂时压制住了，但随着孩子的出生，他开始狂乱不安。他用各种方式安慰自己，包括虔诚的祈祷，投入哲学著作当中以及繁忙的体力劳动。在他精神崩溃到几乎自杀的时候，是后者挽救了他。体力劳动使他有机会聆听到农夫们的法则，他们谈到了“为了上帝而不是为了自己生存的人”。列文于是就此发现了理智与心灵的距离，这种距离甚至发展到残酷的敌对，为了生存人必须奋斗，而奋斗的过程是不可能爱护他人的。虽然，这种不必爱护他人的生存法则并非不合理。（交代了书中关于列文的一些故事情节，从中折射出托尔斯泰的生活。）

于是他重新回到了上帝的面前，愚昧的农夫成为他心灵的唯一指引者，因为他们重新向他指引了皈依上帝的心的启示。这个时候他开始只相信心灵，不再依靠理智；因为理智什么也不能给他，而心灵的力量足以安慰一切。上帝，管它是什么，只要这个名词就足够了。托尔斯泰通过列文表达了此时他对于宗教的态度，他是平微谦恭的，他倾听一切教义。

“真理无处不在，即使是天空的幻象或者在星球的表层运动中。”（这句话表现了他对真理的狂热崇拜。）

八、信仰是什么

但托尔斯泰显然没有做到书中列文那样的平静。这里是指一种无从传递给他人的、表面的平静，列文独自承受着一切悲伤和对于自杀的渴望，不让琪蒂知道。这正是作家自己想要对妻子隐瞒的。可是在作家那里显然是停留于愿望而未能真正做到，于是他的主人公不得不重新陷入怀疑的痛苦之中。托尔斯泰甚至丧失完成作品的勇气了。后来，在他摆脱了这段梦魔般的日子之后，他曾经谈及。可是在当时，他是没有勇气的。他厌倦、疲惫、停滞不前、软弱无力，他厌弃自己。从死亡的深渊中刮出的狂风席卷了他的意志，他的生命开始出现空白，后来他谈道：

“在此之前我一直很健康。我不到五十，年富力强，我有可爱的孩子、富饶的田产，我有荣誉和幸福，我爱以及被爱，我还有强健的体魄与精神，我可以连续干上十几个钟头，就像农夫割草那样。可是突然之间一切都停止了，我不再拥有生活，尽管我还在呼吸、吃、喝以及睡眠。我不再有任何欲望，即使是真理，也不能再引起我的任何兴趣。因为我已经接触到真理的本质，即人生本是不合理的。我想除了死亡之外我无法再接受什么了，深渊横在我的面前。外表看来依然健康而幸福的我，被一种无法压抑的力量驱使着渴望放弃生命。这不仅仅是自杀，而是另有一种远远强于我自己的力量在促使我到生命之外去，其强度达到了我以前对生命的热爱程度，不过恰恰相反罢了。我必须采取措施，例如把绳子藏起来以防止自缢。只有这样才能使我不至于崩溃得过快。我也不敢再扛着枪去打猎了，恐怕自己会一时冲动。我觉得生命对于我就好似什么人戏弄的一场恶作剧。到头来竟是一无所有！什么都没有，40 年的工作，痛苦，进步。只有在沉醉于生活的时候，一个人才有可能生活；一旦消灭这种沉醉，便只剩下欺诈，虚妄的欺诈。将来，我只留下一副腐蚀的骸骨与无数的虫蛆……家庭，不过是些和我一样的可怜虫。艺术不过是人生的一面镜子，它们已不能使我满足。也许镜子的游戏也会令人觉得好玩，但当人生变得无意义时，我还是本能地退忍。这是最坏的，我极端愤恨着，仿佛是一个迷失在森林中的人，一方面是迷失了，同时却到处乱跑不能自止，虽然他心中清楚每多跑一分钟，只有迷失得更加厉害……”（从这一大段语言描写中，我们能够看出托尔斯泰对于自己的评价。）

不过托尔斯泰对于民众总是具有“一种奇特的、纯粹属于生理的感情”，可见他的归宿毕竟在于民众身上。他从没有动摇他的信念，尽管在社会上所得的重重的幻灭的经验。在最后几年中，他对于民众接近得多了，和列文一样。（表现了托尔斯泰对于群众的亲近。）他开始想着还有成千成万的生灵，在他那些自杀、自我麻醉的学者、富翁和他相似的过着同样绝望生活的有闲阶级的狭小集体之外，他反复追问为何他们不自杀？为何这些千万的生灵能避免这绝望？他发觉他们的生活毫不顾虑理智，不是靠了理智，而是靠了信仰。然而这信仰究竟是什么呢？排除了理智的存在之后。（这里用了设问句，使得整篇文章的句式更加丰富，而且也生动地表现出托尔斯泰的疑虑。)

“没有信仰,人不能生活。信仰是生命的力量。在最初的人类思想中,宗教思想已经酝酿成熟了。信仰含有人类的最深刻的智慧,它给予人生之谜一切答复。”

信仰不是一种学问,所以,认识了宗教书籍中所列举的这些智慧的公式是远远不够的!信仰只在被实践的时候才有意义,它是一种行为。一般“思想圆通”之士与富人只把宗教当作一种“安慰享乐人生的工具”,托尔斯泰颇为憎厌这一点,他决心和一般质朴的人在一起,因为他们的生命和信仰是同一的。(表现了托尔斯泰对于信仰的崇拜,在他的心里信仰有着十分崇高的地位。)

他意识到,“劳动者的人生即是人生本身,而这就是人生的意义所在”。

但怎样使自己成为像普通民众那样以便享有同等的信心呢?只知道别人有理是没有用的事,要使自己成为和他们一样才是达成了目标。可不是我们自己就能够办到,我们张着渴望的臂膀倾向着上帝、祈求上帝。哪里抓得住他呢?上帝躲避着我们。

终于有一天,他获得了神的恩宠。

“我独自在林中,倾听着林中的声音。那是早春时的一天,从快乐跳到绝望的无穷尽的突变……我想着最近三年来自己的惶恐,对神的追求。突然,我看到在我周围,一切都生动了,一切获得一种意义。只在信仰神的时候我才拥有生活,只要思念到他,生命的快感便重回到我内心。只要我终止对神的信仰,生命突然中止了。我发自内心地呼喊着:就是‘他’,这没有了就不能生存的‘他’!那么,我还寻找什么呢?认识神和认识生活,是一回事,因为它们是同一的。”(多年来,托尔斯泰都十分相信神明的存在,而这里更表现出了他获得神明恩宠后的顿悟。)

他获救了。神已出现在他面前。“从此,这光明永远地伴随我了。”

因为他的亚洲人的幻想中又包含有西方人的重视理性与重视实践的品格,我们不能把他和一个印度的神秘主义者相提并论,冥想一定不能使他满足;这一点体现在他必须把所得到的再进行展示,毕恭毕敬地奉行着信仰,从神明的生活中寻找日常生活的准则。

他钻研他所参与的罗马正教的教义。没有任何偏见地、真诚地信仰他的家族们所虔诚信奉的信仰，在三年中他参加一切宗教仪式，忏悔，圣餐，只是想更加接近这教义，一切他不喜欢的事情，他都不敢马上进行判断。

于是对于他自己认为晦暗或无法想象的事，他自己没想出各种解释。（展现了托尔斯泰对于宗教的研究和探索，证明了他的虔诚。）不管是活人还是死者，全都一样，为了信仰他和他所爱的人，总是希望在一个特定的时间里，“真理的大门会因为爱的原因为他打开”。但他的理性与心灵互相抵抗着，他的努力全是白费。有些做法，他觉得是无耻的，如洗礼与圣餐。

当别人迫使他重复地讲述圣体是真正的基督的肉和血时，“他就像被刀割一样痛苦”。为了实践的问题，并非为了教义。他和教会之间渐渐出现了一堵不可逾越的墙壁——尤其是不论是绝对的或默认的杀人的权力以及各个教会中间的明争暗斗，由此产生战争与死刑这两种残忍的东西。（表现了托尔斯泰对于有些宗教活动的不解，因此他开始对战争和死刑产生了思考。）

于是，当他的思想被遏制了三年之久之后，托尔斯泰决绝了。这次他的决绝最强烈，他什么也不管了，在他的《教义神学批判》(1879—1881)中，他非常轻蔑他在昨天还在笃信奉行的宗教。

他不仅把神学说成是“不合理的，而且是自觉的、自主的谎言”，在他的《四福音书一致论》(1881—1883)中，更是把福音书与神学说成是对立的两个方面。（例举出托尔斯泰开始流露出他对一些宗教行为的批判的具体作品。）终于，他相信了他自己的信仰《我的信仰的基础》(1883)。

就在这一部著作中，他的信仰在下面的几句话中。

“我相信只有所有人都获得了幸福之后，尘世间才能有名副其实的幸福产生。这是基督的主义。”（表明了托尔斯泰真正的信仰。）

摩西在山上的宣道是这种信心的根基，托尔斯泰把这些教训总结成五戒：

一、戒嗔。

二、戒奸。

三、戒誓。

四、戒以怨报怨。

五、戒与人为敌。

上面说的是教义的消极部分，只有一条告诫中包含着积极的内容：如爱你自己，爱神，并爱你的邻人。

基督曾说过，任何有轻微违背这些戒律的人都将在天国中占据最微小的地位。托尔斯泰天真地补充道："我在1800年之后，发现这些规律就像看到一件新颖的东西，也许这显得多么不一样。"

再进一步说，托尔斯泰根本不相信基督是一个神，根本不信！他只把他当作是所有圣贤中最高大的一个，例如释迦牟尼、婆罗门、老子、孔子、琐罗亚斯德、以赛亚等所有告诉人们什么是真正的幸福和得到这种幸福的方法道路的人。

托尔斯泰是所有他们这些伟大的宗教创造者的信徒，这些印度、中国、希伯莱的半神与先知者，他竭尽全力为他们辩护。攻击被他叫作"伪善者"与"法学教官Scribes"的那些人，攻击已经形成的教会，攻击自大的科学家们。自从他脱离了《忏悔录》上所提及的烦闷时期之后，他更是相信理智；所以这并不是说他想凭借心灵的显示去反对理智，只能说是一个理性的神秘主义者。（展现了托尔斯泰眼中神的样子，他眼中的神和常人眼中的神是有所不同的。）

"起先是Verbe(三位一体中的第二位)，Verbe，意即'理智'。"他和圣约翰的说法一样。

他在《生命论》(1887)一书的前言中曾引用帕斯卡尔的名言："人只是自然中最微小的东西，就像一枝芦苇，但这是一枝有思想的芦苇……在思想中包含着我们所有的尊严……所以生存的关键就在于，我们得认真地思想。"全书都是在歌颂理智。

"理智"，"部分也是全体的，肉体的生活就是全部的生活"；当然不只是科学所说的狭义的理智，而是统治着人的生命的最高规律，"人，只有拥有理智才能生活，因为人本来就是有理性的生物"。（表现了托尔斯泰对于理智的认识。）

"只有遵守这条律令时我们的兽性在理智的法规下被抑止，我们的生命才存在……这是和那种制约着动物的生长与繁殖、草木的发芽与繁荣、星辰与大地的运转的规律相似的律令。理智不能被确定，而我们也没必要确定它，因为不仅我们都认识它，而且我们也只认识它……是因为理智，而非因为信仰人们才了解他所知的一切……理智的生命才是唯一真实的生命，只有表现出理智的生命才是活的生命。”（详细地论述了理智的含义，揭示了托尔斯泰对于这些哲学观点的理解。）

那么，我们的个体生命、有形的生命，又是什么呢？托尔斯泰说：“它其实并不属于我们，因为它不是我们可以自主的。”

“在我们之外我们肉体的活动完成了……以为生命是属于个人的这种错觉在今日的人类中早已消失了。个人的善行对于我们这时代一切富有理智的人来说早已不可能，这已成为不容置疑的真理。”

当然不必我在此讨论，还有许多前提，足以体现托尔斯泰对于理智怀有何等的热情。事实上，这种主宰着他前半生的热情，其盲目与嫉忌的程度没有什么不同。一朵火焰熄灭了，另一朵火焰燃起，或者说永远是同一朵火焰，只不过它的养料变换了而已。（将托尔斯泰的热情比喻成了火焰，而这朵火焰是永远不会熄灭的，表明托尔斯泰的热情永不熄灭。）

然而这些热情都不能以爱为满足，这正是“个人的”热情和这“理智的”热情更相似的地方，它们要行动、要实践。

基督说过：“不必说而必须做。”

那么理智的行动方式是什么？是爱！

“爱是最合理最光明的精神境界，爱是人类唯一的有理性的活动。那什么也无法掩蔽的理智的光芒正是爱之所需，因为唯有理智的光芒才能让爱生长。……真实的善，至高的善就是爱，能解决人生一切的矛盾，包括死亡的恐怖都会消灭，它会鼓舞一个人为他人牺牲，因为无所谓别的爱了，除了把生命给予所爱者之外，只有自我牺牲时，爱才配称为爱。因此，真正的爱要求实现。必须是当人懂得要获得个人的幸福不可能的时候，那时候，他的生命的精髓才能与真正的爱的高贵的分枝相接；而这接枝为了求得生长，必然向它粗野的本干，去吸取元气，即肉的本体……”（表现了托尔斯泰对于爱情的理解和他独到的阐释，在他的世界里是有爱包围在他的身边的。）

这样，托尔斯泰并没有达到信仰就像一条水流枯竭的河迷失在沙土里那般，我们在以后会看到，他是把强大的生命力量集中起来倾泻在信仰之中。

爱与理智被密切地结合了，因为这热烈的信心，在托尔斯泰致开除他教籍的神圣宗教会议的回信中完满地表白了这一点："神是我的一切，是我的灵魂、我的爱。我相信他，他在我心中永存，正如我在他心中永存一样。但基督不是神。必须明白这一点，否则就是对他的无比亵渎。尽管神的旨意在基督那里得到了最正确的表达，我们也不能向基督祈祷，像对待神那样。达成神的旨意是一切幸福的真正源泉。神要求人类一切都以他为中心，同时要求人类一切以同类为中心，二者是同样重要的。我们应当为同类服务。福音书所传达的一切律令和预言不外乎这两个意思。不论对于谁来说，生命的意义都在于人生的爱以及发展这种爱。而我们永恒的人生的幸福就在于拥有发展这种爱的力量。这力量将帮助我们在尘世建立起美满的天国，享受来自另一个世界的更加美满的快乐。这力量将超过其他一切，它代表着和谐、真理、博爱，是一种全新的社会秩序，它将取代原有的分崩离析、互相欺诈与压迫。只有祈祷才能达成这种力量，使我们在爱情中获得进步。而祈祷，必须强调，那教堂中的庸俗的祈祷是基督所坚决反对的。我们只能像基督示范的那样孤独执着地祈祷着，这种祈祷将使我们真正认识到生命的意义……生命永恒的，前世与来世，现在与将来，不论何时，人都是仰仗基督的祈祷而得到恩赐。我坚信这一切，所以我衷心祝愿新生命的诞生，尽管以我如此风烛残年，私心里十分盼望肉体的死亡——我不得不竭尽全力阻止自己这样的念头。（从中能够看出，托尔斯泰有着非同寻常的辩证意识，而且他的头脑是十分清醒的，并没有盲目地遵从教义。）

九、真诚善良的人

他到达了一个思想的彼岸，或者说到达了一个新的起点。

无论如何，一个能使烦燥的灵魂暂时安息的港湾出现了。

1882年，托尔斯泰参与了调查人口的工作。这时他因为不得不履行对于家族的义务而在莫斯科等了一个冬天。工作的机会使他如此真实地看到了这个城市凄惨的一面。他为之惊心动魄，以至于当他向一个朋友讲述这些城市文明华丽表面下的千疮百孔时禁不住“号呼着，痛哭流涕，并挥舞着拳头”。

他声泪俱下：“人怎么能这样生存着？这不是人应当的状态，不应当存在！”他重新陷入了悲伤与绝望，故而伯爵夫人在1882年3月3日写给他的信中说：“我记得你曾经说‘没有信心，我情愿自杀’。可如今你已经有了信心，为什么还在苦恼？”（从中能够看出托尔斯泰强烈的愤怒之情，他在奋力宣泄着自己的情感。）

自从他看过了那些城市阴暗中的人们的凄惨状况后便再也无法忘记。他是如此真诚而善良，以至于在他脆弱的心中似乎这一切都应当由他来承担责任。因为他认为自己正是造成这种文明牺牲品的所谓优秀阶层并享受这一阶层特权的成员之一。他参与了这个魔鬼阶层，并以其罪恶来换取利益。至少，他认为自己是共犯，他决心自首，否则永不安心。这一切恰恰因为他缺乏那种伪君子式的信心和自得自满，因为他不够资格成为神秘思想家，缺乏他们那种只为自己超脱的利己主义精神，因为他怀有一颗博爱的心。

《我们应当做什么？》(1884—1886)这部书便成为托尔斯泰第二次狂乱病的证明，这次的后果比前次更严重。因为这次的病比第一次的更为悲剧化。

托尔斯泰个人的宗教苦闷究竟算得什么呢？实在的，在人类的苦海中，一般有闲的人都可以在烦恼中创造出苦海来，他是不可能不看见这种惨状的，他也不可能看到之后而不设法以任何代价去消除。可是问题在于，啊！消除它是不可能的。（作者再一次评价了托尔斯泰的作品，从中能够看出他对托尔斯泰十分了解。）

一幅非凡的肖像，诉说出托尔斯泰在这时代所感受到的痛苦，我见了不能不为之感动。他正面端坐，穿着农夫的衣服，交叉着手臂，神气颇为颓废。他的胡髭已经花白，不过头发还是黑的。可是他的长须与鬓发已经全白了。在美丽宽广的额角上双重的皱痕画成和谐的线条。那巨型的犬鼻，那双坦白而又犀利的充满悲哀的眼睛，蕴含多少温和善良啊！（表现了托尔斯泰此时的外貌特点和其中蕴含的神态寓意。）它们直望着你，把你看得那么透彻，仿佛它们正在为你叹惋、为你可惜。他曾哭泣过，因为眼眶下深刻的线条的面孔，还残存着痛苦的痕迹。但他准备战斗，他很坚强。

以下是他英雄式的逻辑：“我经常听到下面这种非常错异的议论：‘问题是在实际上又将如何？虽然在理论上的确不错。’理论不是用来适合实际的，也许它只是会话上不可缺少的美丽的词句！至于我，我不能不根据我所了解的情形而做，因为我已经懂得了我所思索的事情。”（表现了托尔斯泰的逻辑特点，在作者看来这是一种英雄式的逻辑。）

他开始把莫斯科的惨况照他在参观贫民区与夜间居住处里所见的情形用照相一般准确的手法描写下来。

他确信，这不是可以用金钱来拯救的不幸者，如他最初所信的那样，因为他们不同程度地受着都市的毒害。于是，他一层进一层地，勇敢地寻求灾祸的由来，终于发现了连锁反应般的肇事者。最初是富人，使人眩惑，以至堕落的富人们该受诅咒的奢侈的享受。继之是广泛存在的不劳而获的欲望。

其次是为强势一方剥削其他部分的人类所造成的残忍的总体，也就是国家。教会更是扮演着助纣为虐的角色。科学与艺术无疑是共谋犯……怎样才是打倒这一切罪恶的武器呢？首要的，不参与剥削人类的一切行为，放弃金钱与田产，不为国家服务，便是使自己不再成为造成罪恶的共犯。

但仅仅这样是不够的，更应当不畏惧真理，“不说谎”。应当排斥与教育同出一辙同时种根的骄傲，应当“忏悔”。

继而，第一条最主要的戒条是应当“用自己的手劳作”。“以你脸上流着的汗来换取你的面包。”托尔斯泰说肉体的劳作绝不会妨碍智慧的力量，反而促进它发展，适应本性的正常的需要，以此来答复特殊阶级的嘲笑。当健康随之更加增进的时候，艺术也同时进步，更进一步地，它能够促进人类的和平。

托尔斯泰在他以后的作品中，又补充了这些保持精神健康的方法。他考虑如何救治灵魂，如何培养元气殚精竭虑，同时又思考如何排除麻醉意识的不正常的享乐和泯灭良知的残酷的享乐。

1884年，他牺牲了行猎，这一他最根深蒂固的嗜好。他实行持斋，以锻炼意志来以身作则；他迫使自己奋斗与战胜，就像一个运动家为自己定下严厉的戒律。（表现出了托尔斯泰不同的人生追求，在这里我们看到了他对于信仰的坚持与笃定。）

托尔斯泰脱离了宗教神秘的某种平和之后卷入社会漩涡所达到的艰难的途径的第一程便是《我们应当做什么？》。二十载的苦斗这时候便开始了，亚斯纳亚老人在一切流派之外（并指责他们），孤独地与文明的罪恶及谎言对峙着。

十、精神错乱

由于托尔斯泰的举动为他的家庭带来了难堪，所以他不可能指望在身边获得什么对精神革命的同情。

他的夫人早在1874年起就已经只能不安而焦虑地注视着他病症的发展，而无能为力。她甚至为自己在丈夫身上投入的过多的精力和时间而感到有些后悔与烦恼。

“我已经无法迫使自己伪装出对它们感兴趣的样子。那些启蒙读物、初级文法以及拉丁语，去他妈的！”（表现出托尔斯泰夫人对托尔斯泰的行为的强烈不满。）

可是更糟糕的是很快托尔斯泰以对宗教的狂热代替了对教育等的潜心研究。他的夫人为此忍受着巨大的痛苦，她不得不强制压抑着心中的烦躁，请求丈夫的宽恕：“鉴于上帝仍然是我的灵魂基础，我不可能不提及他的名字。唯一请求你做到的便是：请你不要生气。”毫无疑问，伯爵夫人尽管并不能理解丈夫的情绪，可是却被这种狂热的状态感动着。她始终深切地关注着他的一举一动。她认为他一定生病了，因为“他的眼睛总是固定地盯着某一个地方一动不动。他那样安静而奇妙，仿佛世界正离他而去”。

她想他是病了：“但愿这一切能早点儿结束，就像上次的疾病一样可以很快被治愈。那些俗不可耐的关于教会与福音书的细微区别的论辩，没有人会对它们感兴趣。它们毫无价值，纯粹浪费他的智慧。可是他竟然告诉我那是在工作，是他永远的工作！他为了这个使自己痛苦不已、疲惫不堪，简直令人无法接受。天！”（表现出托尔斯泰夫人对丈夫的关爱，虽然她对托尔斯泰的行为也有不满，但是这丝毫没有减少她对丈夫的在意。）

疾病丝毫不曾减轻。夫妇间的情势变得愈来愈难堪，因为他们无法互相了解。他们相亲相爱、互敬互助，尽管相互的让步会变成相互的痛苦，他们还是努力地做相互的让步。当托尔斯泰勉强跟随着他的家族到莫斯科时，他在《日记》中写道：“大家都安置好了，寄居于莫斯科。可是什么时候他们开始生活呢？这一切，生平最困苦的一月。并非因为生活，只不过因为别人都是这样做了！多么可怜的人！”（从中能够看出托尔斯泰对俄罗斯生活和夫妻之间关系的些许无奈。）与此同时，伯爵夫人写道：“到了明天我们来莫斯科已有一月了。列夫不光是忧郁，还十分颓丧。这两周以来，我每天哭泣，他睡不着觉，什么也不吃，有时甚至哭泣，我怕我快要发疯了。”

他们只能不情愿地分居一段日子。他们对对方说对不起，因为对方的痛苦他们感同身受。从他写给她的信可以看出：他们相爱，直到永远！

“你说：‘我爱你，我的爱却不是你的必需品。’不，这不是真的，我唯一的需要就是你的爱啊……我想不出还有什么比你的爱情更使我快乐和满足。”（形象生动地表达出托尔斯泰夫妻彼此之间那无法割舍的爱。）但在他们碰巧碰到的时候双方的交锋又更进一层。托尔斯泰和一个犹太教士开始学习希伯莱文，但伯爵夫人对他的这种宗教热嗤之以鼻。“他因为这种荒唐的行为而消耗生命，他对别的东西都没有了兴趣。我的不满是显而易见的。”

她给他写信：“我为此感到羞愧和耻辱，看到以这样的智慧的力量被用在锯木、煮汤、缝靴的下等工作上。”

并且她更加上以下的话，就好像是母亲看着她的调皮的孩子游戏般的神情与怜惜的嘲弄的笑容：“但我清静了，因为想到俄罗斯的这句成语：孩子怎样胡闹都可以，只要他不哭。”

可当她想到她的丈夫读到这一段的时候，他的善良而天真的眼睛会因为这嘲笑的句子而忧愁,因此这封信并没寄出。于是她又拆开她的信,改成一种爱的疯狂写道:“你想象不到我对你怀着多少脉脉柔情!忽然之间,你在我眼前出现了,那么清晰,你那么可爱、那么善良、那么天真,你的性格那么坚定,而你那博大的同情的心的闪光和那副足以看透人的内心的目光照耀着这一切……你所具有的,独一无二的这一切。”(虽然托尔斯泰夫人对丈夫很无奈,但是爱的炽热仍然在她的心中延续着,这段语言描写将他们的爱表现得淋漓尽致。)

他俩这样互相疼爱、互相伤害,同时又因为不知不觉中互相给对方的折磨而后悔不已。直到后来,这濒死的精神错乱的“李尔王”突然逃往西伯利亚的时候才算完结。这种棘手的局面,持续了足有30年。

人们还没有特别注意到《我们应当做什么?》的结尾有一段关于女性的热情的宣言。——托尔斯泰对于一般意义上的现代的女权主义非常深恶痛绝。可是他却表示虔诚的敬慕他所说的“贤淑的女子”,那是传统意义的认识人生女性,她们的悲伤与喜悦、怀孕与生育、噩梦般的痛苦、永无宁日的日子,他都歌唱,还有无形的辛劳的不希望任何人酬谢的工作;他还赞美在痛苦结束之后、在自然的任务终结的时候,洋溢在她们心灵上的完美的幸福。他创作的一个果敢的妻子的形象,是成为帮助丈夫而不是阻碍丈夫的女性。是懂得“只有没有酬劳的为他人的秘密的牺牲才是人类的职责”的女性。

“这样的一个女子,她以坚决的态度排斥虚伪活动,她防止她的孩子们受到诱惑,她绝不鼓励她的丈夫去做虚伪欺妄的工作,享受别人的工作成绩。她督促她的丈去担负真正的需要精力不畏危险的工作,……她也知道未来的一代孩子们,将成为人类最圣洁的范型,她将在她的孩子与丈夫的心灵中开发他们的牺牲精神……她的生命便是整个地奉献给这神圣的事业的统制着的男人,安慰他们的当是此等女子。……啊,人类的命运系在你们手中!贤良的女子!”(赞美了托尔斯泰夫人的贤良淑德。)

难道没有人听见么?这是一个在乞求在渴望的声音的呼唤……

希望的最后一道微光,在几年之后也熄灭了:“你也许无法想象我有多么孤独,我是真正的被我周围的一切人士蔑视到不可想象的程度。”

既然连最爱他的人也不认识他精神改革的伟大，我们更不能期待别人对他有何了解与尊敬了。屠格涅夫欲与之重修旧好，但他是为了托尔斯泰基督徒式的谦卑精神，并非为了他对他的看法有何改变。他幽默地说："虽然法国人说得好，各人都有自己扑灭虱子的方式，我还是为托尔斯泰可惜。"（表现出屠格涅夫在一些问题上还是很难和托尔斯泰达成共识，他很难理解托尔斯泰的世界。）

几年之后，在屠格涅夫垂死的时候，那封有名的写给托尔斯泰的信中他请求他的"朋友，俄罗斯伟大的作家"，"重新回到文学的怀抱中去"。

与垂死的屠格涅夫同样，全欧洲的艺术家都表示了关切，赞同他的请求。

1886年特·沃居埃在《托尔斯泰研究》一书的结尾，他通过假借托尔斯泰穿农夫衣服的肖像，向他做了婉转的劝讽："把笔当作你的工具！把人类的心灵当作你的阵地！是的，你是伟大的天才，笔和心灵才是你应该的工作。因为当莫斯科的头一个印刷工人被迫去耕田的时候也会呼喊他的委屈。你的责任是撒播智慧的种子，至于麦种那与你无关。你要做的是安抚心灵。"（表现出大家对于托尔斯泰重返文学界的渴望，证明他在文学界中拥有重要地位。）

他在《我的信仰的寄托》一书中终于重新确认了曾经一度为他所放弃的这一神圣命令，即他是精神食粮的制造者和提供者。他这样写道："我坚信我拥有才能。这才能足以让我认清真理达成理想。这才能就是火焰，就是我的生命的理智的光明。它是为了普照大地点燃灵魂开启人心而生的。我之生存的唯一的意义就在于这一光明能被我高举，照亮所有黑暗的人间。"（表现了托尔斯泰十足的自信心，他知道自己的才能所在，并为之自豪不已。）然而这光明显然暗藏着危险，有如一把双刃利剑，最先有可能被焚毁的，就是我们的天才艺术家自己。在当时就已经有很多人意识到了这一点，他们为此而感到不安。正因为他们相信这种艺术的光明，他们感受到了威胁的惶恐。此时的托尔斯泰，已经毁掉了自己的创造魔幻之棒，正如普洛斯帕罗一样。

但托尔斯泰的伟大之处，在于证明了以上担心的多余和错误。他的宗教除了革新他的艺术，除了赋予他的艺术以一种打破青年时候的激动之外，并没有其他错误。

十一、艺术批评

谈到科学与艺术，人们往往忽略了有关这方面的最重要的思想著作：《我们应当做什么？》(1884—1886)。在这本书中，科学与艺术首次遭到了他的攻击，并且这首次的攻击达到了空前绝后的深度和强度。在这些超乎寻常的攻击文字中，其涉及的对象包括种种人物：例如“科学的太监”“艺术的窃权者”以及那些在消灭了或依附了从前的统治者(包括教会、军队、国家)之后恬不知耻地接替其地位的所谓思想阶级。他们像宣扬信仰一样宣扬一种盲目无耻的什么主义。叫什么为科学的科学、为艺术的艺术，骗取人们的信任并厚颜无耻地宣布人们正在崇拜他们，他们借此掩饰着自私自利与彻底的空虚；我只是奇怪人们为什么竟然忽略了这些精辟的文字，在最近对法国科学界及知识界的虚荣进行揭露的时候。(表现了托尔斯泰对一些人物的批评，并对其进行了深刻的揭露。)

“我以艺术与科学的名义，请不要误会，我绝不是要否定它们。我只是要驱逐那些借它们的名义却在出卖它们的叛徒。科学与艺术对于我们是如此重要，就像面包和水一样重要。不过只有对于天职、对于人类最终的幸福的追求才是科学，对于天职、对于人类最终的幸福的表达才是艺术。真正的科学与艺术，也许比面包和水更重要。”(披露了那些伪善的艺术与科学，并对真正的艺术与科学进行赞美。)

这就是他颂赞的人。是“自有人类以来，那些表现他们对着虚伪的反抗，表现他们在奋斗中所受的煎熬，不论是用竖琴或古琴、语言或形象，表现他们对获得胜利的渴望，表现他们见到善不胜恶而绝望以及为了期待未来的热情的人”。

于是，他用充满着痛苦与神秘的热情的词句，描绘出一个真正艺术家的形象：“科学与艺术的活动只有在这种情形下才有善果。它不僭越任何权利而只认识义务。它之所以能够为人类称颂，因为牺牲是这种活动的元素。那些为他人服务的人以精神的劳作，永远要为了完成这项事业而受苦，因为精神的境界只能产生于痛苦与烦闷中。思想家与艺术家的命运便是牺牲与痛苦，因为他所追求的是大众的幸福。人们受苦、死亡，人是不幸的，我们没有时间去浪费。思想家或艺术家从不会留在奥林匹克山的高处，像一般人所相信的那样，他必定永远处于惶恐与不安之中。他能够决定并宣布什么能给予人类幸福，什么能拯万民于水火；可是他不决定，也不说宣布，明天也许他自己也将死亡了，太晚了……艺术家与博学者并非是在一所机关中培养出来的人(老实说，人们只能在那里造成对科学与艺术的破坏)，也不是靠着一纸文凭或领取薪水的人就能是一个思想家或艺术家；这是一个一定要表白的人，但他却宁肯不思考不坦白他的内心，因为有两种无形的力量驱使和束缚着他；这世界没有心宽体胖、自得自满的艺术家。这是他的内心的要求与他对于人类的感情。”（揭示了真正的科学与艺术的所在，这种科学与艺术是十分重要的。）

托尔斯泰的天赋，在事实上开辟了悲剧的美丽的篇章，莫斯科惨状所带给他的悲痛的直接印象，再加上科学与艺术是造成现代一切社会的不公与虚伪的共犯这一信念是他完成这一悲剧的动力。第一次接触世界的悲惨后他的印象逐渐地削弱了，创伤也逐渐抚平了。虽然这信念他从此之后一直保持着，我们在他以后的作品中，再也没有找到像这部书中的痛苦的低吟与报复式的愤怒。（表现了托尔斯泰转变的原因，他再也不会痛苦地低吟和报复式地愤怒了。）找不到这个以自己的鲜血来创造的艺术家的布道，无论如何牺牲与痛苦的激动消失了，不再说这是“思想家的宿命”，不再出现这种对于艺术至上的歌德式主义的痛恶。以后，他是以文学的观点来讨论，在批评艺术的著作中没有那么浓厚的神秘色彩了，惨状使托尔斯泰只要想起来便要发狂。可是在此，艺术却和这人类的悲惨的背景分离了，不论他看了夜间贫民窟的那天晚上回到家里之后如何绝望地哭泣叫喊也没有用。

直到他逝世为止，他永远是写给费特信中的人物，所以他的带有教育性质的作品不可能会变得冷酷。冷酷，对于他是不存在的。

“应当痛骂他们，即是最卑微的，如果人们不爱他的人群的话，痛骂他们，即使上天也要羞愧到面红耳赤，或者嘲笑。”（生动形象地展现了托尔斯泰的激动心情。）

他便在他关于艺术的著作中，实践他的主张。谩骂与讥讽，否定的部分，是那么激烈，以至于艺术家们忽略其他只看到他的谩骂与讽刺。他也攻击他们的迷信与敏感，过分猛烈地，以致他们把他当作不仅是他们的艺术的敌人，而且是一切艺术的敌人。建设永远紧接着托尔斯泰的批评。他从来是为建设而破坏，不为破坏而破坏。只是由于他天生的谦虚的性格，他从不自我宣称建立什么新的东西，他只是保卫艺术，保卫它不被一般假的艺术家利用，它的荣誉不被损害。1887年，距离他那著名的《艺术论》问世还有10年，他写信给我。（虽然托尔斯泰开始批判一切伪善的艺术，但是他还是保持着一贯的谦虚。）

有一点不能且亦不用争议："真正的科学艺术既然曾经存在过，必将永远存在。今天的一切罪恶是由于一些自以为是的人，包括他们旁边的学者与实际上都是如僧侣一样的艺术家。这个特权阶级却具有一切阶级的缺点。它降低社会上的原则来迁就它本身的组织。一场大骗局，一种大迷信，这就是我们的世界上所称为科学与艺术的东西，我们脱出了教会的旧的迷信，很快又堕入新的迷信。我们不得不重新来，才能看清我们前进的道路。诱惑力是巨大的，只有把虽然温暖着我却挡住视线的风帽掀开。但是我们天性容易受到诱惑，或者我们一步一步爬上阶梯，于是我们存在于文明，或像德国人所说的存在于拥有特权的人群之中、有文化的僧侣群中了。正如对于婆罗门教或者基督教教士一样，我们应该抱着最大的虔诚与对于真理的执着，以便使我们的特权的原则得到保障并重新审查它们。但一个正直的人，绝不会踌躇，当提出人生问题时。他应当甩开他的迷信，才能具有细致入微的目光，虽然这迷信也许对他自己的处境是有好处的。没有迷信。只让自己生活在一个孩童般的天真中，或像笛卡尔一样地重视理智……这是不可或缺的条件……"（表现了托尔斯泰对于真正的艺术的推崇，他指出真正的艺术是文明的阶梯，而迷信之后导致落后。）

这个"大骗局"，这特权阶级所享有的现代艺术，托尔斯泰在他的《艺术论》中揭示出这一切。他揭发它的好笑、贫弱、虚伪、堕落。用入骨的词语，他对于这种破坏性工作的快乐就如儿童破坏玩具一样的喜悦，他排斥现实的一切，含有许多偏执的主张；但这批判也充满着搞笑的形式，托尔斯泰随心使用各种武器抨击，并且一点儿不在乎他所抨击的对象的本来面目。这就是战争。就像在所有战争中所发生的一样，他抨击的其实是他本来该给予保护的人物，例如易卜生或贝多芬。这是因为他在行动之前没有充分的时间去思考，过分激动了；也因为他的热情蒙住他的眼睛，看不到自己的理性的缺点。（表现托尔斯泰的抨击行为变得越来越激烈，他开始失去理性了，这一细节能够看出作者并不是一味地推崇托尔斯泰。）

他还能懂什么现代艺术？除了他在文学方面的涉猎之外，他看得明白些什么绘画，他能听得明白些什么欧罗巴音乐，这位75%的生活都花在莫斯科近郊的农村中的乡绅，1860年后便不再来欧洲。再说他还看到些什么？除了唯一吸引他的学校之外，他完全吸引那些有关绘画，没有根据的话，不假思索的引用，皮维斯、马奈、莫奈、勃克林、施图克、克林格被他认为是颓废的，他钦佩他们所体现的善良的情操，如布雷东、莱尔米特。但他看不起米开朗琪罗，而且从来没有提及伦勃朗，在描画灵魂的画家中。

关于音乐，他也并不懂，但比较能欣赏。他只了解在1840年时代已经成为古典派的作家，只存在于他童年的忘记中，那以后的作家有一些他不了解了(除了柴可夫斯基，他曾经被他的音乐感动得哭泣)；他居然教训贝多芬，他同样攻击勃拉姆斯和理查·施特劳斯，他只听过一次《西格弗里德》便自己觉得了解了，他全面抨击瓦格纳，而且去听《西格弗里德》，在上演开始后进行到第二幕中间他就已经退场了。（表现出了托尔斯泰对自己所不了解的东西武断地加以批评的习惯。）当然关于文学的知识较为渊博。但他居然不去抨击他认识的最有心得的俄国作家，不知由于何种奇怪的过错，竟去向外国诗人挑战，他们的思想本来就和他的差距太大，他只蔑视地顺手翻了一翻他们的著作！

他的武断随着年龄的增长而增长。“他可以做所有其他事，但他绝不是一个艺术家。”他专门写了一整部的书来说明莎士比亚“不是一个艺术家”。

托尔斯泰从不质疑、从不议论，他认为他掌握了真理，这种肯定真令人钦服！他会和你说：“第九交响曲是一件使人们孤独的作品。”或说："一切都应该排挤与藐视，除了巴赫的著名的小提琴调与肖邦的E调夜曲以及在海顿、莫扎特、舒伯特、贝多芬、肖邦等的作品中屈指可数的十几件作品，最多不过这些作品中的其中一部分，就跟分离人群的艺术一般。"（表现出托尔斯泰对于音乐的理解，贝多芬和肖邦的音乐他都具有一定的鉴赏能力。）

"莎士比亚简直算不上一个第四流的作家，我不得不说明这一点。而且在人性的描写上，他可以说完全无能。"

其他所有的人类都可以反对他的意见，可是没有人能阻挡他发表自己的意见！

他骄傲地写道："我的观点，将不同于欧洲所有对于莎士比亚的观点。"（表现出托尔斯泰对自己的自信和自我肯定。）

他处处觉得有谎言，在他和谎言的纠纷中，越是广泛流行的作品，他越要严厉地攻击，他怀疑，他不相信。当他谈及莎士比亚的荣耀的时候说："中世纪的十字军、对妖法的迷信、求方士炼丹之术等此类都如此。这是人类毕生会感觉到的一种可以传染的影响。人类只有当清醒的时候才能明白他们受到传染时是多么狂野与弱智。这些传染病随着报纸的发达，更加肆虐。"（在托尔斯泰的眼里，莎士比亚不值一提，他的广泛影响就像是传染病一样，都是有害的。）

他还列举了"德雷福斯事件"当作这种传染病的最新的事例。他作为所有不公正的仇人，所有被压迫者的守护神，居然带着一种鄙视的冷漠的感情讲起这件事。他对于谎言的痛恨以及他排斥"精神传染病"的本能，由于改正的态度可以证实一直发展到怎样一种极端的程度。他自己也明白，也不能自控。这个察言观色的智者，这个热情的前进者，由于人类道德的反面的无法想象的荒唐，把《李尔王》称为"糟糕的作品"，把骄傲的考狄利亚批判为"没有一点儿性格的人物"。

但不得不承认，他很清晰地看到一些我们不能真实体会的、莎士比亚的若干缺陷。例如，诗句的过度雕琢，应用于所有人物的空泛的狂热的诉说，单纯朴实的英雄主义。托尔斯泰在所有作家中是最不具备文学家气质的人，因此对于文学家中最具天才的人性的艺术，他当然没有多少好感。我完全了解，但他为什么要去讲别人不会理解、也不感兴趣的事物？浪费时间而且抨击一个对于你没有联系的领域，那根本没有什么价值。（作者在一定程度上肯定了托尔斯泰对于莎士比亚的评价，因为他看到了莎士比亚身上的缺陷，而这些在此之前是没有人关注的。）

这些批判很明显是没有用处的，如果我们要从这些批判中去寻找那些外国文学的道路的话。可是它的意义又是不能估量的，如果我们在其中寻找托尔斯泰的艺术的门路的话。我们不能苛求一个创造的天才，做出绝对公正的评价。当瓦格纳、托尔斯泰在谈及贝多芬与莎士比亚时，他们说的是他们自己，而不是贝多芬与莎士比亚，他们只顾表现自己的观点与主张，压根没打算欺骗我们。托尔斯泰并不让自己在批判莎士比亚时达到“客观”。莎士比亚的艺术的客观，正是他要批判的。作为《战争与和平》的作者，客观的艺术大师似乎还鄙视得不够，对于那些在歌德以后发现了莎士比亚、发现了“艺术本应是客观的，就是说甩开一切道德标准之外去呈现事实”的德国批评家，这是一批否认以宗教为艺术理论目标的人。所以托尔斯泰排斥他们，他是站在信件的高度对他们宣判，我们没必要在他的批判中寻觅任何个人的偏见。他对于自己的作品同对于别人的作品一样不留情面。他并不把自己当作一种经典。那么，他所期盼的是什么？对于艺术他所提倡的宗教理想又有什么价值？（作者在介绍了托尔斯泰对艺术和一些文学家的批判后产生了疑问，这一细节能够看出作者的真实而并非盲目推崇。）

“宗教艺术”这个名词，在广义的含义上很容易被人误解。但这具有美好的理想。其实，托尔斯泰是把艺术延展了，并没限定艺术。他说，艺术无处不在。

“戏剧、音乐会、书籍、展览会，被我们称为艺术的只是狭隘的部分，而艺术已经贯穿我们全部的生命。从儿童的嬉戏到宗教典礼，我们的生活充满了各种各样的艺术形式，人类进步的两大特点，沟通灵魂与交换思想就是艺术与言语。只要其中一个误入歧途，社会就会陷入瘫痪。现在艺术的偏离已经证实了这一点。”（表现了托尔斯泰对于艺术的理解，他认为艺术形式是无所不在的。）

我们不能再讨论什么基督教各国的艺术了。从文艺复兴到现在，各阶级不是整合的。富人他们凭着自己的兴趣，确定下艺术的准则。他们享有特权，剽窃了艺术的专利权；艺术变得较弱了，因为它脱离穷人。

“与工作的人相比，不凭借工作而存在的人所感受到各种情感，所感到的情感要微小得多。傲慢，肉欲，生活的厌倦，这是现代社会存在的三种情感形式。形成了富人阶级一切艺术题材的就是这三种情感形式及其细节。”（揭示了现代社会存在的三种情感形式。）

这种矫情的、肉麻的艺术，它使民众低颓，使世界腐朽，滋长淫欲，它是实现人类幸福的巨大障碍。并且它不纯粹、不实在，不具备真正的美。

我们不得不在这些美学者的谎言与富人的消遣品面前，建立起光鲜的、具体的，凝聚一切人类、阶级、团结国家的艺术。这是有光辉的榜样。

“创世纪的史诗，福音书的寓言，传说、童话、民间歌谣，它们永远为大多数的人类懂得并爱好着，它们正是我们所认为最崇高的艺术”。

最伟大的艺术并非只是一种宣扬教会主义的作品，而是传达时代的宗教意识的作品。“每个社会都会有向往一种幸福的理想，有一种对于人生的宗教观”，不论感觉得明显些或隐蔽些；大家都有一种情感，它们会明白确切地表现出来，由于一些先锋者的存在。（宣告了伟大艺术的定义，将它和宣扬教会主义的作品割裂开来了。）

“永远的宗教意识是人类的河床。”

对于人类友爱可能达成的幸福的渴望，形成了我们这时代的宗教意识。只有以爱的力量来直接完成这事业的艺术。为了这种结合而工作的艺术才是真正的艺术、最崇高的艺术。还有一种参加这事业的艺术，即以恼怒与嘲讽的手段攻击一切违背爱之规律的事物。例如，狄更斯、陀思妥耶夫斯基的作品，以及雨果的《悲惨世界》、米勒的绘画。还有一切以仁慈与理想来表现日常生活的艺术即使达不到这一高峰亦能促进人类的团结，例如《堂吉诃德》与莫里哀的戏剧。（作者举出了一些伟大作家的作品，证明了前面所说的伟大的作品应该是和宗教主义作品割裂开来的。）当然，这最后一种艺术往往犯有错误，由于它的过于屑碎的写实主义与题材的贫乏，“如果我们把它和《约瑟行述》之类的古代的模范来相比的时候”。它之所以不能成为普遍的，在于真切的枝节会妨害作品:“我们应当进一步指责艺术上狭隘的情调,因为现代作品常为写实主义所累。”

托尔斯泰于是毫不犹豫地批判他自己的天才。

他自己情愿把全部为了未来而牺牲,即使什么也不再存留,对于他也是毫无关系的。

“将来的艺术将建筑于别的基础之上。将来的艺术不可能承继现在的艺术,艺术不再是一种技艺,而是真实情感的表白。它将不再是某阶级的所有物。可是,艺术家只有在过着人类自然生活的时候,才能感到真实的情操,才能不孤独,故凡在创造上处于最坏的环境中的人将是受到人生的庇护的人。将来的艺术必定全然不像今天这样复杂晦涩。它将倾向于简洁单纯明了,正如古典的荷马的艺术向我们示范的那样,它健全而完美,色彩明净,线条柔韧,是以表现普遍存在于人间的美妙的情感。这将是多么鼓舞人心的事情!你可以为这世界的大多数人、为整个世界创作一篇童话或一首歌或一幅画像,而不是小说或交响乐等别的什么。事实上,前者远比后者要艰难得多。但是这样的艺术是属于一切有天分的人的,由于普及于初等教育中的艺术类课程使得一切有天分的人有可能成为艺术家。艺术的文学存在将是未来人类友爱和幸福的基础。艺术的任务是让爱来统治世界。唯有它拥有此种力量,才可以铲除人间的罪恶。”(表现了他对将来艺术的构想,而这种艺术将是圣洁的源泉,能够铲除人间的一切罪恶。)

是的,我们也许必须承认,在托尔斯泰发动丰富的描绘中多少包含着理想与天真,可是他们是如此鲜活地跳动着,没有人能不为之打动并深深感染。正如托尔斯泰所揭露的那样,没有哪一种艺术不受着所谓阶级与国家的局限,没有哪一种艺术因为地域的人为划分而不被割裂。目前还没有哪一位艺术家胆敢宣称消除一切党派和种族。只有托尔斯泰,只有他的伟大的灵魂普遍存在着。一切人一切团体一切民族都可以在这颗心中求亲求爱。一旦你尝过了这种爱和至善至美的世界,你将永远无法满足于欧洲团体艺术的提供的狭隘与局促。(表现了托尔斯泰的与众不同。)

十二、天才的杰作

托尔斯泰总是习惯以实践即创作来证明他的理论。因而每当他产生新的理论批评的时候，必然会拿出相应的作品来加以证明。因为在他看来，理论再怎么完美，只有表现在创作中才能拥有价值。因此他的理论与创作的密切联系，正如信仰之于行动。不论崇高的还是庸俗的，总之这些都是表现在艺术上的东西。从根本上说，它们都是属于最富于人生意义的"宗教的"东西，它们体现着用爱来团结人类的努力以及对爱反方的宣战。这些不朽的爱的作品包括以下几部：《伊万·伊里奇之死》(1884—1886)，《民间故事与童话》(1881—1886)，《黑暗的力量》(1886)，《克勒策奏鸣曲》(1889)，《主与仆》(1895)。两个高峰并峙于这一个艺术时期：永恒的爱与世间的仇恨，而二者的最佳契合期产生了《复活》(1899)。(列举了托尔斯泰的作品，将它们清晰地呈现在读者面前。)

这一时期的新的风格的另一表现，是关于艺术形式的见解的改变，不仅是艺术目的，还涉及艺术形式。托尔斯泰违反了他自己从前订下的规则，重新确立关于艺术的标准。(介绍了托尔斯泰的新作品所表达的情感和所体现的新的艺术标准，证明他的作品风格并不是一成不变的。)只要我们读一读《我们应当做什么？》和《莎士比亚论》就可以知道，那里充斥着"清晰，朴素，含蓄"一类的口号，以及节制与完美的属于纯粹古典派的审美理想。他还不遗余力地批判写实主义，以此作为蔑视一切物质的证明。而即使这老人无法把他的分析天才与天生的野性完全抹煞，(在某些方面，这些天赋反而更明显)在他的新作品中，线条也变得更明显更强烈，内心变化更为集中，心灵深处隐藏着更多的曲折，更为普遍存在的感情从一种既定的写实主义与短时间的支流中解脱出来，宛如一头被囚的动物集中力量准备飞腾一般，总之他的艺术是深深地改变了。他的语言更有韵味、更富形象，令人感到大地的芳香。

幼年时他受过流浪说书艺人所讲的故事的熏陶。长大成了名作家之后，他仍能从和乡人的谈话中感到一种艺术的乐趣，因为他对于民众的爱情长期以来已使他能够体味通俗言语之美。后来他在和保尔·布瓦耶谈话时说："这些人，是创造的名手。我曾把这些我第一次听到的语言，早已被我们现代文学语言所遗忘，却是这古老的俄国乡间所创造出来的语言，当我从前和他们、或和这些背了粮袋在我的田野中乱跑的流浪者谈话时详细记录下来……啊！语言的天才事实存在于这些人身上……"（表现出托尔斯泰对于流浪说书人的欣赏。）

因为他的思想没有被文学窒息，尤其对于这种语言的感觉更为敏锐。远离城市，隐迹在乡人中间生活，久而久之，他的思想方式渐渐变得和农民们一般。冗长的辩证法，缓慢的理解力，有时夹杂着不愉快的激动，不断地重复说老掉牙的事情，而且使用了同样的语句，他和他们一样了。（本段揭示了托尔斯泰思想的来源。）

正是年深月久之后，他才领会到其中这些民间语言的缺陷。隐藏着的天才，例如狂放的诗情、生动的形象、传奇式的智慧。他早就受着它的影响，早在《战争与和平》时就开始。1872 年 3 月，他写给斯特拉科夫的信中说："民众的语言是诗歌上最好的调节器，具有表现诗人需要表现的一切的声音。即使其中有什么过分或夸张的话，这种语言也不像我们的文学语言那样缺乏骨干，可以随心所欲地受人支配，完全是卖弄笔墨之徒的伎俩。我改变了我的语言与文体。"（表现出托尔斯泰对于民众语言的欣赏。）

不仅在风格上他采取民众语言的模式，许多感应他也是受它之赐。1877 年，托尔斯泰把到亚斯纳亚、波利亚纳来的一个流浪的说书者所讲的故事记录了好几件。其中包括几年之后托尔斯泰所发表的《民间故事与童话》中《人靠了什么生活？》与《三老人》这最美的两篇。

这是比艺术更崇高的作品，人们在读它的时候，会全然忘了还有文学的存在。福音书是近代艺术中独一无二之作，对人类同胞一般的贞洁的爱中夹杂着微笑般的民间智慧的欢悦、纯净、朴素、明亮、不可磨灭的心灵的安慰。那么自然地照耀着作品的超自然的光彩时时流露！（表现了作者对托尔斯泰这部作品的高度赞扬。）一个中心人物爱里赛老人，或者鞋匠马丁被一道金光笼罩着，那个看见行人的脚的人以及上帝扮作穷人从与地一样平的天窗中去访问的人。除了福音书中的寓言之外，这些故事，更杂有东方传说的神秘气息，有时是闪耀着一道神诡的光芒，故事于是具有骇人的伟大。例如《一千零一夜》中的《农奴巴霍姆》，拼命收买一天中所走遍的全部土地。当他终于走到的时候却迎接了死亡。

“巴霍姆倒下了。在山岗上，斯塔尔希纳坐在地下，曾经看他奔跑。啊！勇士，勇敢的人，且看你获得了多少土地。”

斯塔尔希纳站起来扔给巴霍姆的仆人一把铲！

“埋了他吧。”

于是仆人为巴霍姆掘了一个墓坑，长度刚好跟他的身高相当。他被埋葬了。

在诗的氛围里，这些故事，似乎都像福音书一样说明着关于退让与宽恕的品质道理。“不要报复你的仇人。”上帝说，“不要伤害你的仇人”，“报复只属于自己。”

托尔斯泰一下子获得了普遍的认可，他立志为一切人类建立一种艺术。他的作品在世界多地都获得了永不终止的成功，因为任何地方都说明着一个爱字，它是由艺术的一切朽腐的躯体中升华而来的，只有永恒是唯一的内容。（表现出了托尔斯泰已经被人们广泛认可，因为他的作品体现的是永恒的唯一的爱。）

有神灵的博爱的梦想，也有残酷的现实的黑暗。《黑暗的力量》这本书的基础，并不是心灵严肃的单纯，这种借口不可能存在，而是因为另外的一个理由。我们在读这部戏剧时，可以看出托尔斯泰能否揭穿真理！因为民众的理想化！

托尔斯泰在这方面已达到了游刃有余的境界，尽管他的大部分戏剧尝试都是那么笨拙。性格与行动安排得比较自然：武断的尼琪塔，暴躁的阿尼西娅的狂热情欲，老马特廖娜把儿子养得奸情又无耻，老阿琪姆、一个貌似可笑的人而其实却像神明的人一样圣洁，以及尼琪塔这个并不丑陋的弱者的泯灭，他终于在母亲与妻子的引诱下堕入歧途，尽管他自己也曾为悬崖勒马而努力过。（具体介绍了托尔斯泰书中的那些具体的人物和他们的特点。）

“贱价的农奴，这些畜生！她们是无所畏惧的……其他的姐妹们，你们，你们是几千几万的俄国人，你们什么都不懂，什么都不懂！你们竟像蚯蚓一样盲目，……农奴至少还能在酒馆里，或者监狱里——谁知道呢？

也许在军营里，学点儿什么。可是畜生……什么？她自生自灭。她看不见也听不见。完了……她们像一群盲目地东奔西窜的小鸡，只知道使劲往垃圾堆里钻。‘呜——呜！呜——呜！’她们只会像傻子一样地歌唱。什么……呜——呜？她们狗屁不懂。”（从中能够看出托尔斯泰对于文字独到的掌控能力，他的语言十分平实，但却贴近生活。）

接下来是一场可怕的谋杀新生婴儿的罪行。尼琪塔不肯动手。而阿尼西娅，她的神经始终因为这件罪过，为了他而谋害了她的丈夫而反复痛苦着，她像野兽一般发疯了威胁着要揭发他；她大叫着：“是吗，他也将成为一个杀人犯，让他知道什么叫作一命抵一命！有人跟我做伴了。”

尼琪塔用两块木板把孩子夹死。他吓呆了，由于自己的这一罪过，他威吓着要杀死阿尼西娅与他的母亲，他痛哭流涕地哀告，他要逃跑：“我受不了，我的小妈妈！”

他听见了孩子被夹死时的哭声。

“我能逃到哪儿去？”

这里不像上面一幕那样的粗犷，但其悲惨程度却有过之而无不及，这是莎士比亚式的风采。那小女孩与老仆的对话就是这样。他们在夜里听到了声音，由此猜到了外面的惨剧。（承接上文，启示下文，起到了过渡的作用。）

然后是尼琪塔对自己的惩罚。他在父亲阿琪姆的陪同下，赤着脚走进了一个正在举行婚礼的人群，跪下向所有人请求宽恕，供出了他自己的罪状。阿琪姆老人用痛苦的目光注视着他，给他以勇气：“哦！他在这里，上帝，上帝！”这样一种通俗的语言使得这部剧作带上了一种特别的艺术味道。

“我搜遍我的笔记才写成了《黑暗的力量》。”托尔斯泰对保尔·布瓦耶说。

这些突兀的形象，由于它们完全是从俄国民众的讽刺与抒情的灵魂中涌现出来的，因而充满了强烈鲜明的色彩，一切文学形象都因此而失去了光芒。从中我们可以读出作者作为一名艺术家，以记录这些表达与思想为自己的欢乐，他的手法不放过任何可笑之处；但同时作为热情的使徒，灵魂的黑暗又使他高声痛哭。

一方面观察民众，从高处用一道光芒照彻他们的黑夜，同时，对于资产阶级与中产阶级的更漫长的黑夜，托尔斯泰又创作了两部伟大的小说。在这一时代他的艺术思想受着戏剧形式的制约。我们可以感到，《伊万·伊里奇之死》与《克勒策奏鸣曲》这两部小说都是心理的悲剧。主人翁自己在《克勒策奏鸣曲》中紧凑地集中地讲述着这个悲剧。（证明了托尔斯泰的作品受众面很广，各个阶级都有他们能够欣赏的作品。）

《伊万·伊里奇之死》(1884—1886)是法国民众最为激动的俄国作品之一。我亲眼见到平时最不关心艺术的一个法国外省的中产者，也因这部作品而受到了极大的触动，我在本书开头曾经说过。这是因为这部作品描写的是这些中等人物中的尽职尽责的一个典型的公务员，写作手法出奇地逼真，不写他的信仰、他的理想，几乎也没写他的思想、他的职务，他度过了麻木不仁的一生，直到临死才猛然发觉自己虚度了一世。（说明托尔斯泰笔下的伊万·伊里奇是身份真实的人物，他的身上有很多平凡人的特点。）1880年的欧洲中产阶级的代表正像伊万·伊里奇一样，阅读左拉的作品，听萨拉·伯恩哈特的演唱，他们既无所谓信仰，也无所谓不信仰，他们心中根本没有信仰，他们也并非完全抹杀宗教——他们根本不在乎这些。

《伊万·伊里奇之死》是一组新作品的开端；因为第一次如此深刻地攻击与挖苦人世间的婚姻制度，它的描写比《克勒策奏鸣曲》与《复活》更为深刻和惨痛。可怜的空虚，无聊的野心，狭隘的自满，它描绘这样的人生“每天晚上面对面和他的妻子坐着，至多就这样了”。职业上的苦恼，想象中的真正的幸福，玩玩“非斯脱”纸牌。为了一个更荒谬的原因，而让这种荒谬的人生更失意，某一天，当伊万·伊里奇在客厅的窗户上挂一条窗帘时，从扶梯上滑了下来。人生的虚幻便显现出来了，疾病是不真实的，医生只关心自己的健康是虚伪的。家庭的虚伪因为疾病的存在而开始憎恶。妻子是虚伪的，她只关心如果丈夫死后她以后怎么生活。一切都是虚伪的，除了富有怜悯心的仆人，对于垂死的人友爱地看护着，他一点儿也不隐瞒他的病状。（表现了伊万·伊里奇身边人的虚伪，他们都是怀着各自的目的和他相处的，而这一点在他生病之后就十分明显了。）伊万·伊里奇“感觉对自己非常的怜悯”，想到自己的寂寞与人类自私的本性而哀哭；直到他发觉自己过去的生活原来是一场骗局的那天，他一直忍受着非常残酷的痛苦，幸亏这骗局他还有时间来挽救。一切马上都变得很明了了，他不再只为自己着想，他想到他的家庭，他同情他们，他应当死，为了他们摆脱他。在逝世一小时之前他这样想。

痛苦，你在什么地方？那么，你就这么痛苦吧。可是死亡，它又在什么地方？找不到它了。死亡不见了，只有光明。这些话被他听到了。（表现了伊万·伊里奇的彷徨无助和痛不欲生。）“完了。”有人说。他不断地重复这些话。“死不再存在了。”他自言自语。

一部攻击社会的面目可憎的作品，几乎没有这种光明在《克勒策奏鸣曲》中出现。这是一头受到伤害的野兽，要向攻击者进行报复。这是谋杀者，我们不要忘记被妒忌的毒汁侵蚀后的凶狠的人类的忏悔。托尔斯泰隐藏在他的人物后面了。我们在对于平常的伪善的攻击中很容易找到他的观点、他的语言，女子教育、恋爱、婚姻，他痛恨这一切，“这些是通常的放荡”；社会、科学、医生，这些是“罪恶的撒播者”……所有的都是虚伪。一个放荡的人的全部狂热，受书中的主人公驱使，作者采用粗犷的、强烈的性感的描写，以及表现的克制与对于欲望的既恨又怕的心情，由于对抚爱的原因，像中世纪僧侣般受着肉欲的煎熬咒骂人生。托尔斯泰自己在写完之后也非常吃惊：“我绝对未曾想过，在写作这部小说的时候，我会被引到现在所到达的地步，那是一种谨严的论理。我不愿相信我的结论，我惊讶于自己的最初结论，然而我无法抗拒……我必须接受事实。”（表现了托尔斯泰对于自己作品的描述，他也非常讶异自己能够创作出这样的作品来。）他在《克勒策奏鸣曲》的跋文中说。

凶犯波斯德尼舍夫说出了攻击爱情与婚姻的言辞：“当一个人含着肉欲注视一个女人，即使是他自己的妻子，他已经犯了奸淫之罪。”

“人类将没有理由存在，如果情欲绝灭的话，因为自然的律令的完成将使生灵团结。”

他说：“基督教没有什么婚姻，它的理想不是婚姻。基督教认为，婚姻不是什么进步，只是一种堕落。阻碍人类真正的理想的，正是爱情与爱情先后所经历的过程。”（表现了基督教的婚姻观，从而体现了托尔斯泰对这一观点的反对。）这是圣马太派的福音书中的论调。

但在托尔斯泰脑中从来没有把这些思想表达得这样明确，在波斯德尼切还没有表达出这些意思之前。作品推动作家的进步，正如一切伟大的创造家一样，艺术家走在思想家的前列。可是不仅仅是效果的力量，不仅仅是激情的集中，包括鲜明与犷野的色调，丰满的形式与成熟的艺术并没有在其中受到损失，《克勒策奏鸣曲》都可以说是无与伦比的佳作。

说实话，这题目令人对作品的内容产生误会。现在我得对它的题目做一番了解。音乐在此只有一种消极的作用，没有了奏鸣曲，一切还是老样子。托尔斯泰又重新混淆烦恼他的两个问题，他认为音乐与恋爱都能够使人堕落。关于音乐的魅力，另有一部专书讨论。在这里托尔斯泰给予它的地位，仅仅是为了证实他的判断的正确性，这是不对的。我必须不在涉及这个问题时补充几句，因为我相信任何人都不能完全理解托尔斯泰对音乐的看法。

当然他是热爱音乐的，这是没有疑问的。一个人因为他的所爱而害怕。在《童年时代》中音乐的回忆我们当然还能记得，尤其表现在《夫妇的幸福》中音乐所占的篇幅，从春到秋，本书中所叙述的爱情的季节，全部是在贝多芬的 Quasi una fantasia 奏鸣曲上不在乐章中展示的。涅赫留多夫与小彼佳在临终的前一个晚上，美妙的交响曲回荡在内心的场景我们将永远记得。（介绍了托尔斯泰在自己的作品中所描写的音乐场景，这一个细节更加深刻地表现了托尔斯泰对音乐的热爱。）托尔斯泰关于音乐的学问也许并不精妙，可他的确因为音乐而落泪；而且在他一生的几个时代，投入在音乐中。1858 年他在莫斯科组织过的一个音乐会，就是后来的莫斯科音乐院。在《关于托尔斯泰的回忆》中别尔斯写道："他常常在工作之前先弹一会琴。他特别爱音乐，他能演奏钢琴，钟爱古典派大师。或许他想在音乐中寻求创作灵感吧。他喜欢歌声。他经常为他最小的妹妹伴奏，我曾经注意到他因为音乐而感动的表情，脸色苍白，而且有一种无可言说的诡异，也许是他在害怕。"（从别尔斯的话语中，我们看出了托尔斯泰对音乐的由衷喜爱和追求。）

恐惧！正是因为接触到这震撼他心灵的莫名其妙的恐怖！好像他的意识、理智、所有的人生现实都融合在这音乐的世界中了。《战争与和平》中写到尼古拉·罗斯托夫因为赌输钱失望地回到家中，我们只需看看那段。他听见了妹妹娜塔莎在歌唱，他于是忘乎所以："一瞬间世界上只剩下那段三拍子的节奏：Oh！ mio crudele affetto！他焦急地等待着应当接下去的音符。灾祸，金钱，仇恨，名誉——'我们的空虚的生活啊'，他想，什么都是无聊的……看，只有音乐才是真实的！娜塔莎，我的小鸽！她能唱出B音吗？我们瞧瞧，啊，她唱出来了，感谢万能的主！"

为增强这B音，他不自觉地跟着唱了起来，他配合她的三度音程合音。"喔！我的上帝，这是怎样的幸福，真是太美妙了！莫非是我给予她的吗？"他想，三度音程的演奏，唤醒了他的一切纯正与善性。他赌输的钱财与他允诺的话语又算得了什么！与这美妙的感觉相比。疯狂啊！！一个人即便是杀人、盗窃，却照样拥有得到幸福的可能。（音乐唤醒了托尔斯泰的纯正与善性，他认为一个人即使是杀人、盗窃，但仍有可能获得幸福。）

实际上，音乐对他而言只不过是暂时的激动，尼古拉不杀人，也不偷窃，可是娜塔莎却已经到了迷失的边缘。"这古怪迷乱的艺术世界，善与恶，远离现实，混和在诱惑与理性的世界中"，在歌剧院某次夜会之后，阿纳托里·库拉金这样对他倾诉，他许诺把她带走。

年纪越大，托尔斯泰越害怕音乐。奥尔巴赫是他在1860年在德累斯顿见过的比较有影响的人，更增加了他对音乐的防备之心。（这一叙述与之前他对音乐的狂热形成了鲜明的对比，从中能够看出他性格的转变。）"在他眼中，音乐是导致堕落的一股浊流。他提到音乐就像是提起一种颓废的享受。"

卡米尔·贝莱格曾经问道：为什么偏偏选择了纯粹而圣洁的贝多芬？有太多的颓废的音乐家可以攻击，答案是因为他最强。托尔斯泰曾经而且永远地爱他，他那遥远的童年记忆是和《悲怆奏鸣曲》联系在一起的，在《复活》的结局中当涅赫留多夫听见奏着C小调交响曲的行板时，他不禁泪如雨下，"他在可怜他自己"。但是，托尔斯泰在《艺术论》中提到贝多芬时，称他是"聋子贝多芬的病态作品"，其中的怨恨显而易见。1876年时，他已经让柴可夫斯基十分为此不平，因为他要"毁灭贝多芬，让人人都怀疑他的天才"，于是托尔斯泰也丧失了他的敬佩之心。这种热狂在《克勒策奏鸣曲》中更使我们完全看到不公平。正是因为贝多芬的强力遭到托尔斯泰的责备，他像歌德一样在欣赏着C小调交响曲，感受着它的强烈震撼的同时又愤怒地反对着这权威大师。

“这音乐，使我马上进入创作者同等的精神状态之中，我们无法任由任何人拥有这恐惧的魔力。……就像在中国一样，音乐应该是国家的事业。如《克勒策奏鸣曲》中的第一个急板，只能在某些重要的场合中让它有奏演的机会……这些作品。”（表现出托尔斯泰对音乐的全新追求，他现在追求的是情感和精神上的共鸣。）

事实上反动是短暂的、浮层的，他依然拜倒在贝多芬的伟力之下，因为这伟大的力量如此明确地向人们证明可以激起一切高尚与纯洁的感情。波斯德尼舍夫分明感到快乐了，但这快乐是无法分析的、不可捉摸的，他沉溺于这一境界，嫉妒也不见了。女人也同样无法避免地被感动。“她以一种庄严的神态”演奏着，脸上显现出“含蓄的、惹人怜爱的幸福的笑容”……在这里精神被声音囚禁了。那声音的力量无可名状却强大无比，没有任何不对的地方，可是却可以毁灭一切思想，只要它想这样。（表现了托尔斯泰沉浸在音乐中的状态，这些都在他的作品中表现出来了。）

托尔斯泰对于贝多芬当然并不公正。即使如此，他仍然比大多数人都更加深切地感受到了贝多芬音乐的真正含义。因为他本人的生活是如此丰富，他的心灵是如此细腻，只有他才有可能承受这种体味到音乐生命而痛感绝望的苦处。他的一切与他斥之为“老聋子”的贝多芬的作品中的狂乱的迷情、狂野的暴躁等等等等是多么契合！只有他能理解，也只有他有资格憎恨贝多芬。（托尔斯泰对贝多芬的批判并没有影响他对其音乐的追求，这样就使得他生活在矛盾之中。）也许后者所企盼的正是这一点，他更期待恨而不是爱戴。而今天的绝大多数庸俗的音乐家们都无法认识贝多芬了，这些演奏音乐的人已经与他们的音乐、与音乐的生命割裂开来了，他们永远也无法达到托尔斯泰理解音乐的程度。

十三、社会理想

自 1900 年起托尔斯泰的所有作品几乎全是没有出版发行的手稿，只有一本书除外。这就是《每日必读文选》(1904—1905)。这部文选涵盖了从东方的圣书到现代的艺术家的所有有关世界观的学说，汇集了众多作家对于真理及人生的思想。（介绍了《每日必读文选》所涵盖的内容，起到了总述的作用。）在亚斯纳亚·波利亚纳地方保尔·布瓦耶曾在最后几年中见到过他，布瓦耶说托尔斯泰将在自己的生活中融入宣道或讨伐战败的工作与纯幻想的事业作为调剂。当他写完了类似的有关社会的论著《告统治者书》或《告被统治者书》之后，就接着创作一部他思索了很久的奇美故事。于是就诞生了《哈吉·穆拉特》这部军队史诗，它对高加索战争与山民的抵制进行了歌颂。作为一个大艺术家，就算他愿意也绝不会摒弃自己赖于存在的理由，托尔斯泰因为宗教，而没有发表他的作品。但他从未放弃写作，他永不会抛下艺术，从未中止过他艺术的创作；相反，在他大胆而热情的笔下，经常会有关于社会论战的隐含着攻击性与神秘的文字。

在20世纪的开头十年里，俄罗斯被前所未有的劫难磨折着，正如托尔斯泰一部著作的题目所写的那样，一切都沾上了“世纪末”的气息。日俄战争的失败不仅带来了物质方面的损失，也因此而点燃了革命的火焰，军队开始叛乱，恐慌侵袭着每个人的内心，农村里各种暴动也蠢蠢欲动，于是屠杀便成了必然的后果。帝国的基础动摇了起来，就要分崩离析了。（介绍了20世纪初俄国的环境特点，反衬出了当时糟糕的创作背景。）1904年至1905年是恐慌的高峰期，而托尔斯泰的作品《战争与革命》《世纪末》《大罪恶》也出版了。他从教会脱离出来，也没有参加任何党派，更没有与任何国家发生联系。在这十年里，不仅在俄罗斯，而且在全世界都没有人能替代他的唯一地位。他不得不“在要么离开真理要么离开别人的道路中择一行”，用他的理智的逻辑，他的坚决的信仰。俄国有一句谚语：“老人说谎，无异于富人盗窃。”（从中能够看出作者的文学底蕴，而且能够让人感受到他的文思。）于是他同别人分离了，只是为了要说出真理，他把所有的一切都说给大家听了。这位老人勇敢地扑灭谎言并继续推倒一切偶像，对一切社会的与宗教的迷信进行着批判。他对于古代的虐政、教会的横暴以及皇室权贵的愤怒，在大家向他们打石块的时候，才能得到稍许的平静。那是因为他们不会再让人感到可怕了，他们已经被人们所认识了！而且，他们并不欺骗人。托尔斯泰致俄皇尼古拉二世的信中，“洋”溢着对于人的温情，却丝毫没有对于皇帝应有的恭顺。他用“亲爱的弟兄”来称呼俄皇，他说“如果他无意中让他感到不快，希望他能原谅他”。他的落款是：你的兄弟祝你得到真正幸福。

但托尔斯泰最无法容忍的是新的谎言，他刻意对它加以抨击，因为旧的谎言已经暴露了它的真面目。他最深恶痛绝的并非是奴隶主义，而是自由的幻想。但在崇拜的新偶像人、社会主义者或“自由党人”之间，我们不知托尔斯泰更恨谁。(承接上文，启示下文，起到了过渡的作用。)

他对于自由党人的反感已经持续了很长时间。他已具有这反感，当他还在塞瓦斯托故尔当军官在圣彼得堡的文人团体中时，他就有了这种反感。这也包括在他和屠格涅夫不和的主要原因中。贵族所具有的骄傲、世家的出身，使他容忍不了这些知识分子们的幻想：不管是否出于自愿，国家如果依了他们的想法就能得到真正的幸福。这就是他作为俄罗斯人的本色。更由于他出身于有着悠久历史的旧家族，他素来对于自由党的新理论抱以轻蔑的态度，西方传来的立宪思想也在其中，而两次欧洲旅行更使他的信念不可动摇了。他在第一次旅行回来后写道：“要避免产生自由主义的野心。”

他认为由于“特权社会”并不认识民众，因此，它绝无权用它的方式去教育他们。这是第二次旅行回来的思想……

在《安娜 · 卡列尼娜》中，他将自己对于自由党人的鄙夷表现得酣畅淋漓。内地的民众教育以及实施新政的事业列文拒绝加入。外省的选举大会上一个欺罔的组织经绅士投票产生，在一个地方保守的行政被新的自由的行政取代后，除了多了一桩谎骗之外，什么也没有变；这谎骗不值得原谅，不值得为之而浪费几个世纪。(表现了托尔斯泰的政治主张，同时也看出了他对谎言的厌恶。)

“或许我们真的是没有什么价值，但我们已有千余年的历史了。”旧制度的代表者说。

对此托尔斯泰更加感到愤懑。而只因自由党人擅自用“民众，民众的意志”等词句，对于民众他们知道什么，什么是民众？

对于立宪思想托尔斯泰表现出强烈的反对。尤其此时正值自由主义获得极大的成功，将促成首次国会的召集。

“最近，我们的民众由于变形的基督教义而陷于奴仆的地位，它以一种新欺诈得以产生。这是一种使用繁复的议会选举制度的欺罔，它使我们的民众想象他们的代表被选出时，他们自己已参与了政权，而他们是自由地对他们的代表表示服从，这与服从自己的意志没有两样。然而民众即使是以普选的方法也表白不了他们的意志，因为：第一，在一个有数百万人口的国家中集团意志是不存在的；第二，即使存在这样的意志，它也不会是大多数人的选举结果。不必说被选举人的立法和行政是为维护自己的政权服务而不是为了公众的福利——更不必说通常情况下民众的堕落是由于选举的压迫与违法造成的——对这种制度表示服从的人会因自我满足而堕入一种奴隶的状态，而这种谎言可以致人于死地……这些自由人正像那些囚犯一样，以为可以选举掌管监狱的狱吏就是行使了自由……即使在专制统治的暴政下，人民也有可能获得完全的自由。但在立宪国家人民永远是奴隶，因为他以为对他施暴是合法的……”人们竟不仅唆使俄国人民，甚至其他的欧洲民众也被驱使着进入奴隶状态！（表现了对自由主义的不满，这是在政治上的一系列观点，民主意识已经深深地扎根其中。）

由于抛弃了自由主义，他始终态度轻蔑地看待周围的一切。要不是禁止自己去憎恨一切的话，托尔斯泰对于社会主义定会倍感痛恨。因为社会主义集中了自由和科学两种谎言，他更加地蔑视它。它并不以某种经济学为依据，而它对世界进步的绝对的定律也没有掌握。

托尔斯泰对科学采取非常严厉的态度。在谈到现代的迷信时他说：“七色研究，种族起源论，关于数目的理论，对镭锭原质的探讨，化石动物，这些一无所用的问题和其他一切毫无意义的论辩，当今的人们看重这一点，与中世纪人重视圣母怀胎和物体双重性是同样的道理。”（表现了托尔斯泰对当今社会辩论的问题抱着一种极其鄙视的态度。）托尔斯泰笔调尖锐地讽刺地记录下大量的文字。他嘲笑“这些和教会的奴隶一样的科学的奴隶，他们自信是人类的教主并让人相信这一点，以及相信他们永不破灭，但他们却分成许多小派，就像教会一样中间永远不能统一，这些派别使痛苦的人类无法早日脱离痛苦，因而导致他们变得鄙俗而不知其为何物，而且更由于他们脱离了宗教意识，摒弃了唯一能团结人类的成分”。(表现了托尔斯泰对于这些科学奴隶的嘲笑,他们的小派别意识,让他感到十分可笑。)

当他看到一般自命为促使人类再生的人手中掌握了这新的狂热的危险的武器时他更为不安了,而更加剧了他的愤怒。然而他对革命的知识分子与理论家感到深恶痛绝,这些害人的骄傲和枯索的灵魂他们是那么迂腐,他们只爱自己的思想而不爱人类。而且他们的思想,还是卑鄙丑陋的思想。

“社会主义是以让人们的物质生活舒适从而满足人类最低级的需求为目的的。然而这目的,却不能以它所采取的办法来实现。”(托尔斯泰不仅在文学上有着造诣,同时他的思想也能引领着人们不断向前。)

事实上,它只对压迫者感到痛恨,是没有用的,这正像“聚集在秽物周围的苍蝇艳羡富人们安定而甜美的生活一样”。世界的面目将因此而变得异常可怕,前提是社会主义取得胜利。欧罗巴的游民将在弱小民众身上施加,以使他们变为奴隶,使从前的欧罗巴无产者像罗马帝国时代的人一样舒适、安闲地享乐。

有幸的是,在烟雾和演说中,社会主义的力量的精华,像饶勒斯那样耗费了:“多么令人可怕的雄辩家!他的演讲中什么也没有,或许什么都有。正如俄国的正教:尽管你追究它,以为把它抓在手里了,它却忽然转过来说:‘不!我并不是像你想象的那样,我是一样另外的东西。’玩弄你于股掌之间……让时间来磨炼罢。耐心啊!社会主义的理论会很快地如妇人的时装一般从客厅里转移到地下室中去的。”(社会主义力量在俄国的兴起不是一蹴而就的,而是历史的必然。)

然而托尔斯泰对革命也是抱着信任的态度的。尽管如此这般地向自由党人和社会主义者宣战,并不是为了宣扬独裁政治;与此相反,他的战斗能在新旧两世界间用尽伟大的气势,是因为在队伍中一切捣乱分子与危险分子被消灭了。但与一般革命家相比,他的革命另有理解:就像中世纪神秘的信徒一样,他期待未来由圣灵来统治:“我相信大革命在这确定的时刻开始了,这个在基督教的世界里,它已经酝酿了2000年。这革命将废除早已残破的基督教义,而建立在真正的基督教义的基础上发展来的统治制度,人类的平等与真正将以这一革命为自由的基础。它们原是为一切权赋理智的生灵所希翼的。”

这预言家选取的是俄罗斯最阴沉的时间，破灭与耻辱的时间来宣告带来幸福与爱的新时代的到来。光明，甚至是黑夜围绕在具有创造力的信心的美妙的机能周围。在死亡与毁灭中，托尔斯泰窥见了再生的先机。在俄国军队的溃败中，在满洲战祸中，在可怕的无政府状态以及充满血腥的斗争中，在日本的胜利中，他出于美梦的逻辑得出了怪论，说是俄罗斯应该放弃一切战争。因为在战争中，非基督徒的民众，通常比“曾做过奴仆的”基督徒民众显得更优美。这种骄傲是至高无上的，这并不是让他的民族退缩。俄罗斯应当放弃一切战争，因为他们要完成“大革命”。（表现了托尔斯泰在社会中的语言影响力。）

不知不觉中这与暴力做斗争的老人，这亚斯纳亚·波利亚纳的宣道者，对共产主义革命做出了伟大的预言！

“把人类从强暴的压迫中解放出来的革命，应当从俄国开始。1905年的革命，也正是从俄国开始的。”

为什么俄罗斯要扮演这特选民族的角色？因为，新的革命首先要补救的“大罪恶”就是，少数富人独占土地，数百万人民过着最凄惨的奴隶生活。而且，没有一个民族能像俄罗斯民族那样，清楚地感受到这种压迫。

但更由于在所有民族中，俄罗斯民族是对真正的基督教最有感染力、最极端的民族，而那时的革命应当以基督的名义爆发，从而实现团结与博爱的律令。但倘若它不以抵抗的律令为依据，这爱的律令绝不可能完成。而俄罗斯民族一向是以不抵抗为其主要性格。（表现了俄罗斯民族的民族特点，不抵抗政策已经深入人心，而这一点恰恰是托尔斯泰最为反对的。）

“对于当局，俄罗斯民族总是和欧洲其他国家抱有不同的态度。他从来不参与政权，也从不和当局作对，因此他从不曾被政治玷污。他认为应当尽量避免参政这样的罪恶。相传有一个古老的传说，俄国人祈求瓦兰人来统治他们，大多数的俄国人向来宁肯忍受强暴也不加以报复，他们永远是甘于屈服的……”

奴颜婢膝的服从同自愿的屈服是截然不同的。“真正的基督徒，只能毫无抵抗地在强暴行为面前抵头，但他不能承认强暴的合法，即不能够服从。”（表现了真正的基督教徒的特点，他们是不抵抗政策最好的践行者。）

托尔斯泰情绪激动地写下了这几行，因为他目睹了一个民族的不抵抗主义的最壮烈的榜样，这是血染的1905年1月22日，这一天发生了圣彼得堡的示威运动，一群手无寸铁的民众在教士加蓬的带领下，任人枪杀，没有一个人试图自卫，没有一个人发出仇恨的呼喊。

被人们称作“皈依者”的俄国的老信徒，长期以来不顾任何压迫，并坚决不把政府权威视为合法，坚持着他们对于国家的和平抵抗。日俄战争以后，这种思想更以最快的速度在乡间的民众中传播开来。拒绝军役的事情日益增多，越是在残酷的压迫下，他们的反抗越坚决。此外，托尔斯泰并不了解的各行省、各民族，也对国家实行坚决的和平抵抗，始于1898年的高加索的杜霍博尔人的抵抗，大约在1905年的古里的格鲁吉亚人的反抗，这些运动对托尔斯泰的影响远远超过了他对这些运动的影响。而他的作品的意义和革命党的作家(如高尔基)所说的相反，代表了俄罗斯旧民族的呼声。（民族在世界上很少有真的能够实现不抵抗政策的，由此看来俄罗斯真的是一个特殊的民族。）

他抱着严肃而谦虚的态度来看待那些冒着生命危险去实践他所宣传的主张的人。像对待逃避军役的人一样，他完全不用教训的口气来对待杜霍博尔人或格鲁吉亚人。

“对于忍受磨炼的人来说，忍受不了任何磨炼的人不叫教导。”

他向“因他的言论与文字导向而痛苦的所有人请求宽恕”。他从来不教唆任何一个人逃避军役。所有的事都由各人自己来决定。如果一个犹豫不决的人和他有交涉时，“他总是劝他接受军役，只要对他来说在道德上有可能的话，不要轻易反抗”。因为，一个人因为不成熟所以才会犹豫，“毕竟多一个军人要好于多一个变节者或伪善者，人们在做不能及的事时所常常陷入变节与伪善的境界”。（从中能够看出他在现实面前的妥协。）他对责恰连科逃避军役的决心产生了怀疑。他担心是自尊心与虚荣心驱使了这青年，而不是出于“为了爱慕上帝”。他给霍博尔人写信，教他们坚持他们的抵抗，他们不会当然不要因为骄傲或是人类的自尊心，但是要“尽可能把他们的孱弱的妻儿从痛苦中解救出来。他们不会因此而受到任何人的责备”。“只有自基督的精神降临到他们心中的时候，他们才需要坚持。正是由于这个原因，他们才会因为品尝过痛苦而感到幸福。”（表现出托尔斯泰对民众抵抗政策的支持，他甚至鼓励他们去反抗。）一般情况下，他对所有受压迫的人进行劝导，“无论如何仍要维系他们与压迫他们的人之间情感的纽带”。即便是最残暴的古希律王，也要好好待他。他在给一个朋友的信中，这样说道：“你说人们善待不了希律王。但我却感到如果此事属实的话，我们所有人都将因此而痛苦，生命也将因它而消亡。”

在对爱的解释方面托尔斯泰的观点已经超出了自私所能渗透的区域，他被神圣的光环环绕着，这种爱就连福音书上的名言“爱人如爱己”也无法解释清楚。

那么世间还有如此广泛的爱存在吗？人类的自私情绪难道那么容易就能被驱除的？况且失却了人性的爱还能算是爱吗？（三个设问的连用，表现出了托尔斯泰此时心中的怀疑。）但这种爱与通常说的“抽象的爱”并不相同，因为它正是托尔斯泰最深恶痛绝的东西。他曾说，“爱一个永远不可能相识的人简直易如反掌，这对我们来说并没有什么损失，这种抽象的爱是今天最为严重的罪过。这种抽象的爱给了良心极大的满足，这简直就是讽刺，那些我们倍感亲近却又阻碍我们的生活的人是值得我们去爱的”。

有人说托尔斯泰所具备的哲学与信仰是继承前人的成果，也有人把它说成是乌托邦式的空想。（体现了托尔斯泰的哲学与信仰不切实际。）正因为这样，他的哲学和信仰既不能算作流行一时的东西，也具备了美好的福音的内涵。他的理想预言产生于人间，他将它作为永世生活的开始。

他是我们见到的艺术家和预言家中最伟大的一个。我们的灵魂因他的思想而明亮，他的爱的学说使人们身处于现世的苦难却得到了短暂的喘息和生生不息的希望。他的存在很重要，甚至于并不比在这世界上再多个宗教或多一派哲学更逊色，这个事实应该为只生活在这个世界上的人看到。

十四、生与死

他的容貌让人想起第戎城中的摩西像，自他20岁后，粗暴、狂野、刻板、严肃已渐渐消去了它们的痕迹。记忆中他的额头宽广，两道皱痕深刻其上，眉毛浓厚而雪白，长须飘飘，脸容因苍老而变得柔和，痛苦忧伤以及仁爱的踪迹混杂其中。唯一没有被岁月所改变的是他那清澈的目光，眼中闪烁的依旧是锐利的光芒，直逼人心；也是心意明白的流露，他自己坦白，也要让人对他坦白。（表现出托尔斯泰的外貌特点，岁月已经在他的脸上留下了痕迹，但他的眼神却依然坚定。）

1901年4月17日，也就是他逝世前九年时，在给神圣宗教会议的复信中，他说："是坚强的信心让我拥有了和平和欢乐，让它伴随我走向生命的尽头。"

说到他这两句话，不禁让我想起古谚语所说："如果一个人还未死，我们绝不能称他为幸福的人。"

在那时，他如此以自己的和平与欢乐感到自豪，但是它们是否能永远伴在他左右呢？（承接上文，启示下文，起到了过渡作用。）

1905年"大革命"所燃起的希望之火渐渐熄灭了。一切又都恢复了旧制，人民的生活更加悲惨。光明的脚步是如此之慢，无法冲破黑暗的封锁。

到了1906年，托尔斯泰的信心开始有所动摇，对于俄罗斯民族的力量产生怀疑，他把眼光投向远在亚洲的中国，他希望中国人可以凭借千百年来对于"道"的参悟领导亚洲走向光明。这种信心的转移给了他新的希望，西方民族的失败将有望在东方获得新的成功的契机。他一直在企盼着。

但这希望消失得很快，如日本一样，老子与孔子的中国，为要模仿欧洲否定了它过去的智慧。托尔斯泰大为不满，因为被凌虐的杜霍博尔人移民到加拿大去了。而且在那里，他们立刻占有了土地。格鲁吉亚人，刚脱离了国家的羁绊，便开始攻击和他们意见不同的人；而俄国的军队，被召唤着去镇压了一切。（表现托尔斯泰的希望破灭，国家兴盛无法靠他一个人的力量得以实现。)尽管“他们的国家即是圣经,是人的理想中最美的国家”。那些犹太人,亦沾染了这虚伪的国家主义,“成为现代欧罗巴主义的畸形的产物及它的皮毛之皮毛”。

托尔斯泰很悲伤,但并未失望,因为他信奉上帝,他也相信未来。

“如果人们能够设法在一刹那间长成一片森林,这将是完满之极了。但这是不可能的,要等种子发芽、成长、长出绿叶,最后才成长为一棵树。”

托尔斯泰只有一个人,但要长成一片森林须要许多树。光荣的,却是孤独的。回教国、中国、日本乃至全世界,到处都有人写信给他,人们翻译他的《复活》,关于“授田于民”的主义到处流传着。美国的记者来访问他,法国人也来询问他对于艺术或政教分离的意见。他自己亦知道他的信徒不到三百。但他也不费神去获得信徒。他回绝了朋友们组织“托尔斯泰派”的好意。

“应当全体去皈依上帝而不应该互相迎合。……你说:团结了,将更易为力……——什么?——为工作,是的,刈割等等。但是人们只有孤独才能更接近上帝……我眼中的世界,仿佛一座巨大的庙堂,从高处射到正中的正是光明。大家都应当互相联合走向光明那里。我们全体,我们和从各方面来的并未期待的许多人相遇,这就是欢乐。”(揭示了托尔斯泰眼中光明和欢乐的所在,他期待着人们的团结一致,因为只有这样才能拥有这一切。)

他们究竟有多少人聚集在穹窿中射下的光明之下呢?没有关系,只要和上帝在一起,有一个也够了。

“唯有一个人的真正的信仰与生活才能感染他人并宣扬真理,正如同唯有在燃烧的物质方能燃及别的物质。”

这也许是的,但这种信仰能为托尔斯泰的幸福保证到何种程度?在他最后几年中,他的和歌德费尽心思所达到的清静宁谧相差多少?他对于清明宁静满怀反感可说是在逃避它。(表现了托尔斯泰对于这种幸福的不确定性,没有人能够知道它将会持续多久。)

“应当感谢上帝能够使人们不满。但愿永远如此!理想和生命的不调和,正是生的标志,是从渺小到伟大、从恶到善的向上的运动。而这不调和是达到善的必要条件。而当一个人平稳安定而自我满足的时候，恶便产生了。”

而他对这部小说的题材进行了构思，它证明列文或皮埃尔·别祖霍夫还没有消除心中的烦闷：“我时常想象着自己一个人成长在革命团体中，起初是革命党，接着是平民主义者，然后是社会主义者，再后来成了正教徒、阿多山上的徒侣，再往后是无神论者、家庭中的好父亲，最终演变成高加索的杜霍博尔人。他没有什么没尝试过，可他什么也没有做，样样都放弃了，人们都对他报以嘲笑。他则一个人在一座收留所中悄然无声地死了。临死的时候，他想他没有好好珍惜他的人生。可他是一个圣者啊！”（这是托尔斯泰对于整部小说的构思，他希望他们能够拥有一个有意义的人生，但是他们却都没有实现。）

那么，有那么充足的信心的他，还会在心中存有疑虑么？——这谁能知道？对于一个到老依然精神矍烁的人，生命必须前行。生命是绝不能在某一点上停留的。（增加了句式的灵活性，使文章更有文采。）

“动，即是生。”在他生命的最后几年中，他的许多事情都改变了。他对革命党人的意见转变了没有呢？谁又能说他对于无抵抗主义的信心没有丝毫的动摇？——在《复活》中，涅赫留多夫和政治犯们的交往，证明他对俄国革命党的意见已经发生了改变。

到此为止，他向来所反对的，是他们的凶残、罪虐、自满、虚荣。但当他走近了看他们时，他忽然明白他们只得如此，因为他亲眼看到了当局对待他们的态度。

他们对于义务具有崇高的信念，这很令他佩服。这观念中包含了所有的牺牲。（表现了托尔斯泰对于他们态度的转变，他不再希望他们能够像他所想的那样生活了，因为托尔斯泰明白时局不允许那样。）

但自1900年起，革命的潮流扩大了起来，它从知识分子出发，终于归入了民众阶级的队伍，暗中影响了成千上万的苦难者。他们军队中的前锋，从亚斯纳亚·波利亚纳·托尔斯泰的住所前列队走过。在《法兰西水星》杂志上发表的三篇短文，是托尔斯泰最后作品的其中一部分，从中可以看出这种情景引起了他多少精神上的痛苦和些许凄楚。曾经有一队队虔敬质朴的巡礼者从图拉田野间走过，如今则有数不清的饥荒者在彷徨流浪。每天都有人来。和他们交谈之后托尔斯泰惊骇地发现他们胸中有无比的愤恨；和从前不同的是他们把富人当作强盗、饮食劳动民众鲜血的暴徒，“他们不以施舍作为对灵魂的修炼”。其中有不少受过教育的，由于破了产，就冒险行事了。

亨利·乔治曾说过这样的话：“这正如匈奴与汪达尔族将会在现代文明上犯下他们对古代文明所做的罪事的野蛮人，如今不再是在沙漠与森林中产生而是产生于都会近旁的村落中和大路上了。”

托尔斯泰对此加以补充道：“在俄罗斯汪达尔人已经做好准备，由于我们的民族极富宗教情绪，他们将显得极为可怕，如已经在欧洲达成极为发达的舆论与法度等，我们不了解限度。”（形象而生动地表现了在宗教势力影响下人们行为的可怕，他们已经不受控制了。）

托尔斯泰经常收到这些反叛者写给他的信，他们对他的不抵抗主义表示抗议，说只能用“复仇！复仇！复仇！”之声来反抗一切政府和富人对民众所施的暴行。——托尔斯泰于此不是对他们进行指责吗？对此我们并不知道。但几天过后，当他目睹了在他的村庄中、在哀声啼哭的穷人家中，毫无人性的官吏把牛羊釜锅抢走的时候，在那些残暴的官吏面前他情不自禁地喊起了复仇的口号，“那些刽子手，那些官僚以及他们的帮凶，只知道贩酒牟利、杀戳、判刑、下狱、苦役，甚至绞死——这些家伙，全都认为从穷人家抢走的牛羊布匹，用来制造毒杀民众的酒精是再合适不过了，同时它们还可用来制造杀人的军火，或是构筑监狱，它们尤其被用来和他们的助手们进行分赃花用”。（表现了托尔斯泰对这些刽子手的气愤，对于他们的压迫和野蛮，托尔斯泰简直恨之入骨。）这实在是一件很悲惨的事：一个人用整整一生的时间那样期待着爱的世界的来临，而又不得不在面对这些可怕的景象时闭着眼睛、心怀惶恐——当一个像托尔斯泰那样具有真切意识的人，却要表明自己的生活不能和他的主张一致时，将是多么的惨痛。

在这里，我们涉及了他在最后30年中的最痛苦的一点。我们只应该对这一点加以虔诚的轻轻抚摩：托尔斯泰曾因为痛苦而想努力保守秘密，因为这痛苦不只为死者所有，也属于其他还活着的人，他所爱的人们也成了爱他的人们了。

他最终没有向他最亲爱的人传递他的信心，包括他的夫人、他的儿女。这忠诚的伴侣，勇敢地替他分担了生活与艺术工作，对于他因为一个她不了解的道德信仰而放弃艺术信仰，而感到极度的悲哀。托尔斯泰不为他最好的女友所理解的痛苦绝不亚于她所受的苦痛。（托尔斯泰最终也没有将自己的信心传递给他的亲人们，这一点着实让我们感到匪夷所思。）

他在给丹奈洛摩的信中说："我全部的灵魂都能感到下列几句话中蕴含的真切：丈夫与妻子不是合而为一而是分离的，我愿向我的妻子传递一部分有时我能借以脱离人生苦恼的宗教意识。虽然女人们不大可能达到这样的意识，我希望上帝能将这意识传递给她。"

这个志愿似乎没能达成现实。托尔斯泰伯爵夫人热爱"与她合为一体的"伟大的仁慈的心灵。爱他心地纯洁，爱他的英雄气；她窥见"他为群众指明人类应走的道路"；当他被神圣宗教会议开除教籍时，她勇敢地为他辩护，宣告她将分担她的丈夫所能碰到的任何危险。但她不能佯装相信她不相信的事实；而托尔斯泰也坦诚得不愿逼迫她假装信从——因为和完全的不信仰与不爱相比，他更痛恨虚伪的信仰与爱。（展现了托尔斯泰夫人对托尔斯泰的爱，这些爱是那样的坚定，它只涉及精神的层面，是最纯洁的。）因此，他怎么能强迫不相信的她，以她和她的儿女们的财产为牺牲品来改变她的生活呢？

他和他的儿女们之间的龃龉似乎更胜一筹。在亚斯纳亚·波利亚纳时，勒鲁瓦·博利厄氏曾见过托尔斯泰，他说"当父亲在饭桌上说话时，儿子们竟没怎么掩饰他们的烦恼与不信任"。他的信仰只对他的三位女儿有些许感染力，包括其中已经死了的他最爱的玛丽亚。在家人中间他感受到了精神上的完全孤独。"只有他的小女儿和他的医生"才理解他。

因为这思想上的距离而倍感苦恼，他更因不得不敷衍的世俗的交际而更加烦恼，经常有来自世界各地的人来访问他。他非常厌烦美国人，认为他们是趋尚时髦的轻浮之徒。而为了他的家庭生活而被迫享受的奢侈则更让他苦恼不已。其实即便是最低限度的奢侈，也已让他倍感难堪。如果在他家里见过他的人的叙述能让人相信的话，他的小卧室内，四面秃秃的，只放着一张铁床！这种舒适成了他永远的苦恼。（表现了托尔斯泰对奢侈的反感,而他卧室的情况也与他的家境形成了强烈的反差。)在《法兰西水星》的第二个短篇中,他用悲苦的笔调对比了周围的惨状和自己家中的享受。

1903年他写道:“不论我的活动对若干人士显得如何有益,它已经失去了多半的重要性,因为我的生活和我所宣传的主张无法完全统一。”(表现了托尔斯泰内心的苦恼和烦闷。)

这统一他怎么也不能实现!他不能强迫他的家庭抛弃人世,也不能使他们同他们的生活脱离,躲避他的敌人们的攻击,说他言行不一,说他虚伪!

他也曾想念过,长期以来,他已痛下决心。人们已找到并发表了他在1897年6月8日写给妻子的已被人发表了的信。在此应该全部转录出来。他的热爱与痛苦只能借这封信来抒发了:“亲爱的索菲娅,长久以来,我因为生活与信仰的不一致一直苦恼着。我无法迫使你对生活和习惯加以改变,我也离不开你,因为我想我的离开,将令你们大家非常难过,而我将因此而失落了我能给予孩子们的轻微的影响。但我不能继续过已过去的16年那样的生活,有时你们会因为受到反抗感到不快,有时我被我所习惯的周围的诱惑与影响深深吸引着不能自拔。我用了很长时间下定决心要实行我的计划:像印度人那样,走……60岁的时候隐居到森林中去,如一切信教的老人一样,将他的剩下的日子奉献给上帝,而不是用来取乐、打趣、胡闹、打网球。在这70岁左右的时节,我也一样,我用整个心灵的力量求得安静、孤独,哪怕并不那么完满,至少让我不至于一生与良心都不一致。如果我公然离开,你们一定会祈求、辩论,而我将退让,或者我将放弃我的计划。因此你们因我的行动而感到难过,请你们宽恕我。索菲娅,尤其是你,让我离开罢,不要恨我,不要责怪我,不要找寻我。我并不是因为讨厌你才离开你……我知道你不能如我那样地思考与观察,因此这不能使你的生活发生改变,你不能因为不承认的对象做出牺牲。因此,我并不责备你;相反,我心怀爱与感激来回忆我们35年冗长的共同生活。尤其是我们共同生活的前半期,你担负起你所承认的使命,充分运用你与生俱来的母性中的勇气与忠诚。对于我,或是对于世界,你已经给予了所能给予的一切,极富母爱的你,尽了最大的努力……但在这35年的后半部，在这最近的15年里，我们分道扬镳了。我相信这不是我的错。我改变了，可这是因为我不得不这样，既不是贪图享乐，也不是为了别人。我感谢你，我不能责怪你的丝毫不顺从，而且我将永远怀着真挚的爱想念着你对我的赐予。——别了，我爱你。我亲爱的索菲娅。”（通过这封托尔斯泰写给妻子的长信，我们能够看出他对于信仰的坚定，而夫妻二人之所以有了隔阂就是因为这信仰的阻隔。）

“我离开你的事实……”实际上他并没有离开她。——可怜的信！写了这信以后，他似乎已感到满足，似乎他已下定了他的决心……写完了，他的决断的力量也用尽了。——“如果我公开地走，你们一定会祈求、辩论，我会退让的……”（表现了托尔斯泰内心的考虑。）对他来说“祈求”“辩论”并不是必须的，只须一刻之后，当他看到即将与他告别的一切时，他便感到他不能，确实是不能离开他们了。那封揣在他衣袋中的信，于是被藏在一件家具内，外面写着：“我死后，将此信交给我的妻子索菲娅·安德烈耶芙娜。”他的出走的计划到此结束。

这是他的力量的表现么？他不能为了他的上帝而牺牲他的柔情么？——当然，还有一些坚决的圣者存在于基督教名人录中，他们会毫不犹豫地抛下与别人的感情……可这并不是他的为人。他是人，他是弱者。我们因此而更加爱他。（表现了托尔斯泰那极其罕见的一面，这一点让读者们更觉得他是真实的，而对他的爱就更加强烈了。）

在15年前一个极度痛苦的夜中，他对自己说：“列夫·托尔斯泰，你是否依据你所信仰的主义而生活？”

他痛苦地回答：“我是罪人，应当受到人们的蔑视，我羞愧到了极点。可是，把我过去的和现在的生活对比一下吧，你会看到我在寻找依据上帝的律令而生活的方法。我连我应做的千分之一都没有做到，为此我感到惭愧难当；但这并不是因为我不愿而没有做到，只是因为我不能……责骂我罢，但不要对我所选择的道路有所指责。如果因为尽管我像醉人一样蹒跚着走到家里去，就指责我选的路是坏路，这合乎情理吗？请你指出另一条道路，或是请你支持我去探索直通真理的路，我已经做好了接受你的支持的准备了。可千万不要对我冷落，不要因我的破灭而快乐，不要幸灾乐祸地喊：‘瞧啊！他说要步行回家，却堕入泥沼中去了！’不，请别这样，请帮助我，支持我！帮帮我吧！我的心因为大家的惊慌失措都要碎了；而当我每次堕入歧途竭尽所能想要逃离地狱时，你们不对我表示同情，却指着我说：‘看罢，他和我们一起掉入泥坑了！’”（托尔斯泰对信仰的坚定是由来已久的，任何人、任何事都不能打破他对信仰的肯定。）

死亡又逐渐地走近了，他又重复道：“我只是个平凡而又怯弱的人，任人驱使，真诚地愿做上帝的奴仆。我并不如人所说的那样是个圣者，我有着各种恶习，尤其是谎言和虚伪。人们认为我永不犯错，那是绝对的谬误，他们该把我当作一个弱者，那么才有可能认识本来的我。他不过是个普通的生物，对于他的思想并不完全清楚，总是处在徘徊迷茫之中，尽管他一直以一片诚挚的心祈求上苍能让他做一个好人，他并不想做人们眼中的圣者。他愿一直与真理为伴，做上帝的忠实的奴仆。”（由此可见托尔斯泰是一个真实不造作的人。）

良心的责难让他坐立不安，信徒们无言的攻击让他悲恸难当，他为自己的怯弱、为他的犹豫不决而感到羞愧，在世俗之爱与上帝之爱之间迟疑，是死亡使者带来的某种征询让他拿定了主意吗？他终于出走了。彷徨着逃避着，路过修道院，直到在一座无名的城镇里病倒了，走不动了。弥留之际，他放声痛哭，并不是因为死亡的来临，而是为了他无法眷顾的可怜的人群，他向天空发问：“多少人间的生灵还处在水深火热之中，为什么你们要关心这个微不足道的列夫·托尔斯泰呢？”

终于，1910 年 11 月 20 日，清晨 6 点左右，托尔斯泰所期待的最终结局降临了，他获得了彻底的解脱。（这是托尔斯泰最终的结局，那么的悲凉，让我们感到伤心和难过。）

关于托尔斯泰的遗作

托尔斯泰有不少遗作，有许多没有公开发表过。在他死后这些作品中的大多数被一一出版，并在比安斯托氏的法译本中合为三卷。这些作品种类纷繁复杂，包括短篇小说、长篇小说、剧本等。但其中许多是未完成的作品。他们遍布于他一生的各个时期，其中包括 1883 年的作品，如《狂人日记》。这些作品本分属三个类型：有的据艺术原则而创作，有的依从道德而写，还有少数是两者完满的融合。（说明了托尔斯泰作品的发表情况和他作品的类型划分。)

然而由于他的禁欲思想,或是由于他毫不关心文学的荣誉,他放弃了一些杰作的创作完成。在《费奥多尔·库兹米奇老人遗留的日记》一书中,托尔斯泰写到亚历山大一世在老年时决心扔下所有的一切离家出走,到西伯利亚隐度晚年。他似乎对这个题材格外钟爱,在某种意义上他与笔下的人物合而为一了。但这部作品只存在前几章,然而仅仅是这些残片就已让人感到它的独特魅力了。其中包括对叶卡特王林娜二世的描绘,而关于这位性情乖戾的俄国皇帝的描写更是让人无比激动,它更是极大地刺激了托尔斯泰的神经。

1891 年至 1904 年创作的《谢尔盖老头》亦是托尔斯泰的作品之一,显得波澜壮阔。但故事的叙述被裁剪得很短,可也有几处旷野的情调令人惊骇。

一个老人在孤独与苦行中追求上帝,终于,在为了人群而生活时他找到了神。那幕对于主人翁发现他所爱者的丑陋的描写(像圣女那样被他崇拜的女人,他的未婚妻,竟然是他所尊敬的俄皇的情妇),真是既悲壮且质朴。

即使是那幕对在精神狂乱之夜那个修士斩落自己的手指只为重觅和平的描写同样惊心动魄。书末那段描述与可怜的童年的女友凄惨的谈话,以及最后几页淡泊、清明、笔调急转的文字同这些犷野可怖的情节穿插对立着。(突出了托尔斯泰的文学创作功力,但是这些优秀的作品却都没有最终完成,让我们不禁感到遗憾。)

《一位母亲》也很是动人,但本书只残留着首部。一个慈爱而有理性的母亲,整整 40 年为她的家人服务,最终孤独了,她不活动,也失却了活动的意义,尽管是自由的思想者,她竟最终躲在一个修道院中去写她的日记。

在艺术上另一组短篇故事更是完美的。

《傻子阿列克谢》是个美妙的通俗故事,讲述一个质朴木讷的人,甚至到死,永远被作为牺牲品,永远感到甜蜜的满足。1903 年 8 月 20 日创作的《舞会后》,一个老人讲述他曾经如何地爱一个年轻女郎,如何因为他看见女子的当大佐的军官的父亲,鞭打他的兵士而突然不爱她。这部作品是完美的，它首先介绍了少年时代美丽动人的回忆，接着是十分真切的令人激动的描写。《梦中所见》作于1906年11月13日，讲述一个亲王不能饶恕他所钟爱的女儿，因为她经不起诱惑而逃出家庭。可一旦他看见她时，却是又马上去恳请女儿的饶恕，可不管怎样他不能抑制自己见到女儿的私生子所产生的嫌恶之感(由此可看出托尔斯泰从未停止自己的温情主义及理想主义)。（对于托尔斯泰出版的作品，大家已经有所了解了，所以作者在此着重笔墨介绍了那些不为人们所熟知的作品。）《霍登卡》是个极短的短篇，描述了在1893年，一个年轻的俄国公主想参加莫斯科的一个平民节庆，可忽然间她被人挤得狼狈不堪，还被人践踏在脚下，以致别人以为她已停止了呼吸，一个同样被人挤得十分狼狈的工人把她救了起来。刹那间，两人的友爱把他们紧紧地联结在一起。他们自分别以后，从未再见过。（这部作品极具戏剧色彩，男女主人公的相遇就是一个巧合，之后两个人又紧紧相依在一起，能够看出托尔斯泰并没有什么阶级意识。）

《哈吉·穆拉特》是一部开篇就伟大得像一部史诗的长篇小说(写于1902年12月)，描述1851年高加索战争发生时的杂事。在创作这部作品的时候，托尔斯泰具有非常完美的视觉(眼睛的与心灵的)。他正处于艺术能力最有把握的阶段。但奇怪的是人家并没有对故事感到真正的兴趣。因为读者认为托尔斯泰也对这个故事没什么真兴趣。故事中出场的每个人物，恰巧得到他恰当的同情。而对于每个即便在我们面前显露了一下瞬间动作的人物，作者也为他做了一个完满的肖像描写。不过因为要热爱全体，他终于没有产生偏爱。似乎写这部作品并不为了内心的需要，而只是为了肉体的需求。（具体地描述了这部作品，让我们知道了他的创作意向。）他需要创作，他就创作了。他需要应用他的智能，就像别人需要舒展他的肌肉一样。

极具个人气质的其他作品，通常达到了悲怆的极点。尤其像《狂人日记》那样自传式的作品，(1883年10月20日)，则追忆了1869年在最初几夜托尔斯泰精神混乱时产生的恐怖感。又如《魔鬼》(1889年11月19日)，这最后一部也是最长的短篇小说，它的所有的最好的特点蕴含在好几部分中，不幸却有一个极为无聊的结局。（这里又介绍了托尔斯泰的两部作品，让我们对他有了更加深刻的认识。)一个乡下的地主已经结了婚，却与他农人的一个女儿有染，他不得不和乡女分开了。(因为他爱他的年轻的妻子，他也是忠诚的。)但每当他看到这“留在他的血液里”的乡女，不禁会产生占有她的念头。她追求着他，终于和他重修旧好，他感到自己再也离不了她，于是自杀了。书中各个人物的肖像全是传世佳品——如男子通常善良、懦弱且健壮，见识浅薄而聪明，真诚而勤劳，并且总是心情郁闷；他的年轻的妻子则是具有传奇色彩的多情女子——美丽而健壮的乡女，热情而不知贞操为何物。可惜托尔斯泰在他的小说的结尾中安置了在现实中不存在的道德思想，因为确实作者也有过类似的艳史。(突出了托尔斯泰在作品中所运用的巧妙心思。)

五幕剧《光明在黑暗中》的确表露了艺术方面的弱点。尼古拉·伊万诺维奇·萨林特泽夫的妻子啼哭着(是真诚的呢还是假装的)阻止他从家族离开。他留在家中，做着木工，如穷人般生活。他的夫人及儿女继续享用着奢侈与豪华。人家却依然指责他是虚伪的，虽然他绝对没有参加。然而，在他周围出现了不少信徒与不幸者，这是由于他的精神的影响以及人格的光辉。一个教堂司祭，放弃了自己的职位正是因为信服了他的主义。为了他的主义一个世家子弟拒绝军役，以致被罚进入纠正纪律的队伍中。而萨林特泽夫这可怜的托尔斯泰的化身，为怀疑所苦。他是否犯了错误？他是否无谓地陷别人于痛苦或死地之中？(给读者留下了极大的想象空间，激发了读者的阅读兴趣。)最终，解决他的悲苦的良方唯有让那被他无意中置于绝路的青年的母亲杀死他。

在另一个短篇《无所谓罪人》(1910年9月)中，我们还可知道最后几年托尔斯泰的生活，是一个受苦的人的忏悔录，其时他走到了无可自拔的境遇。在富人面前有被压迫的穷人，可是他们双方都不曾察觉到这种社会状态的不合理与可怕。

两部剧本的价值在于真实：一部是农村小剧，攻击酒精的危害。《一切品性之所来》(极可能是1910年所作)的人物的个性极强：他们的体格是典型的，他们的言语是可笑的，都描绘得十分逼真。那个乡人末了宽恕了窃贼，在他无意识的伟大而天真的自尊心上，他是高尚又滑稽的。另一部是12幕的剧本，另有重要性，名为《活着的尸体》。它表现的是善良却懦弱的人为社会荒谬现象所压迫着的现实。主人翁费佳只因自己的善性与道德情操断送了一生，在放浪不羁的生活之下隐藏着他的这些情操：因为人类的卑鄙和世人对于他的蔑视，使他感到痛苦不堪又无力进行反抗。他有一个爱他、安分守己、秉性善良和极富理性的妻子，但她却"缺少了使苹果汁发沫的一颗小小的葡萄"，缺少了令他遗忘一切的"在生活中的跳跃"，而这正是他所需要的。（介绍了作品中的主人公形象。让读者虽未读其书，却有了一个大致的了解。）

他说："我们都处于自我的环境中，我们面前只有三条途径。我厌恶做一个公务员，挣得钱来增加生活的卑劣。也许是我不能这样做……第二条路，是和这卑劣斗争。我却不是这样一个英雄。剩下的一条路是喝酒、玩、唱歌和忘记自己。这是我所挑的路，你们看这条路已经把我引到了什么地步……"

在另一段中，他又说："我怎么会陷入如此绝境呢？第一个因由是酒。并不是我感到喝酒的乐趣。但我永远这样，我感到羞耻，因为在我周围的一切都不是正当的……至于要成为银行的行长或贵族的领袖，这是多么可耻，多么可耻！……我们不再感到羞耻了，因为喝过了酒……而且，有音乐，但不是歌剧或贝多芬……还有微笑，美丽的黑眼睛……这些东西愈是迷人，事后愈令人感到羞耻……"（表现了主人公此时内心复杂的情绪特点，这让我们不禁想要阅读全文，一探究竟。）

他离开了他的妻子，因为他觉得她使他不幸又使他不快乐。他把她留给了一个朋友，他爱她，她也爱他，这位朋友与他亦有相似之处，虽然没有明白说穿。他把自己隐藏在下层阶级中，这样，一切都好了，他们两个是幸福了，而他也尽他所能地使自己幸福。但社会强迫费佳自杀，因为它绝对不允许人家不征求他的同意而行事，除非他愿意他的两位朋友被判重婚罪。这部作品十分奇特，有着那么浓郁的俄罗斯色彩，反映出一般优秀的人的失望与消沉，就是在革命所给予的巨大的希望消失之后，这部作品也是朴实无华的。其中人物的性格真实而又生动，哪怕次要的角色亦是如此(对于恋爱与婚姻问题，年轻的姑娘的道德观念，卡列尼娜的勇敢；对于她的母亲和保守的贵族的强硬的言语和行为的迁就)甚至那些酒店中的舞女、律师，都仿佛是实有的人物一般。（作者在这里评价了这部作品，从评价中我们感受到了托尔斯泰在情节构思方面的匠心独运。）

那些道德与宗教作用占了首位的作品是我所搁置不论的，虽然这于托尔斯泰心理上的清明并无损害，但作品的自由的生命被阻抑了。

《假票》是叙事性长篇，几乎是一部长篇小说，它要表现世界上一切行为的连锁关系，不论是善是恶。两个中学生犯了一桩罪，由此发掘出许多的罪恶，愈来愈可怕，——直到一个被害的可怜的女人圣洁的退让，使凶手发生改变，才由这凶手一步一步追查到造成罪恶的最初的人犯。题材简直像史诗题材一般壮丽无比，作品可以达到如同古代悲剧中那种定命的伟大。但叙述却缺乏宏伟的气势，过于冗长了和琐碎了；而且人物全体是类似的，虽然每个人物都有特点。（这段文字既简单地介绍了作品，又评价了它们的优缺点，证明作者并不是一味褒奖托尔斯泰，而是客观公正的。）

《儿童的智慧》是语录体的作品，内容极其丰富，包含了宗教艺术、科学、教育等方面，共有21条对白。语词丰富，但方法不讨人喜欢，而且重复过多。

在集子中最差的作品是《年轻的俄国皇帝》，他在幻想着并不存在的罪过。最后，我还想介绍一下他的若干作品，包括《巡礼者》《祭司》《凶手是谁》等。

无论在什么时候，托尔斯泰都还保留着他旺盛的智力活动，他对于社会思想的阐述似乎是有些空虚缥缈。但在具体的人和事面前，一旦他的人道主义幻想消失之后，他对于世态的敏锐的穿透式的参悟会让你大吃一惊。他永远保持这种清醒的状态。然而若说到在艺术上他的唯一的缺憾，我认为就是热情方面。艺术于他而言并非至高无上而充斥生命，而是一种必须，他是为了行动而创作。他一任自己的热情高涨着，并为此感到不适，终于借着上帝的缘由而放弃了作品。为了不让行为与艺术结合在一起，他为自己丰富的创造力而感到苦恼，并最终牺牲了它。这样的情形在艺术家身上是难以想象的。（赞美了托尔斯泰旺盛的智力活动，对他的作品整体上是高度赞扬的。）

1913年4月

托尔斯泰在亚洲的影响

我们当时无法预测在这本书出版以后对托尔斯泰的思想传播会造成多大的影响，一切只有等待时日的推移才有可能得出结果。

现在我们可以看到，是他——印度的圣雄甘地接受了托尔斯泰的思想，让他的言语得以实现，他的思想影响了无数的人。

在人类的发展史上，随着岁月的流逝，伟大的思想总会大放光彩，而不会因为一时的沉默而永远默默无闻。1847年，托尔斯泰19岁时在卡赞医院养病，第一次听一个喇嘛谈到了不抵抗主义的思想，这次偶然的交谈为他生命最后十年的思想奠定了基础。（这一情节介绍为之后托尔斯泰和甘地的关系奠定了基础。）

62年以后，年轻的甘地从托尔斯泰手中接过了这熊熊燃烧的火炬，使它的光辉照耀了整个印度，而这耀眼的光芒也从此射向了世界的各个角落。

我们在论及甘地与托尔斯泰的关系之前，必须先把托尔斯泰与亚洲的关系大体上说一下；如果没有这篇论文，一部托尔斯泰传在今天就会变得残缺不全。因为与他欧洲的行动相比，在历史上也许托尔斯泰对于亚洲的行动更为重要。从东到西，他是思想上第一个的“大道”，结合古老的大陆上的所有事物的分子。如今，在这“大道上”往来的都是东西两方的巡礼者。（在介绍甘地与托尔斯泰的关系之前，先引入了另一个内容，这样增加了文章的底蕴。）

保尔·比鲁科夫把所有搜集来的材料都收录在《托尔斯泰与东方》这本书中，所以我们已具有为认识此题所必需的所有方法，因为托尔斯泰是虔诚的信徒。

东方永远吸引着他。在卡赞上大学的时候，他便选修了东方语系中的阿拉伯——土耳其语言组。在高加索服役的几年中，他对回教文化有了深刻的印象和长久的接触。1870年后，不少阿拉伯与印度的童话被收集在他编写的《初级学校读本》中。在他为宗教而苦闷时，他开始不满足于《圣经》，于是便开始接触东方的宗教，他阅读了许多这方面的书籍。不久，《圣贤思想》集就诞生了，因为他要把他的读物介绍到欧洲，包括佛、老子、圣经和克里希纳的言论。他早就认为一切的人类宗教都建立于同一个基础之上。(交代了托尔斯泰为什么会来到亚洲,他为什么会对亚洲有着那么强烈的好感。)

但他所寻求的,是和亚洲人士的直接的联系。在他生命的最后十年中,亚斯纳亚与东方各国间的通信联系是十分密切的。

他觉得在亚洲各国中,中国思想与他最为接近,但却最缺少表白。1884年时,他开始研究孔子与老子,而后者在古代圣贤中则尤为他所爱戴。但直到1905年托尔斯泰才和老子的国人进行第一次通信联系,而且似乎当时只有两个中国人与他通信,当然他们都是出众的人物:一个是大文豪辜鸿铭,一个是学者,在欧洲他的名字是很为人熟知的,他是北京大学的教授,革命后亡命日本。(介绍了托尔斯泰在亚洲所崇拜的人,因此他有了与亚洲紧密联系的纽带。)

在与这两位优秀的中国的人士的通信中,托尔斯泰表示了他对中华民族的爱慕与钦佩,尤其体现在他给辜鸿铭的长信中。那些年来中国人以高贵而温厚的态度去容忍欧洲各国施加的暴行这个事实尤其加深了托尔斯泰的情感,他预言中国一定必能获得最后的胜利,并鼓励中国坚持这种清明的忍耐。

中国把旅顺割让给俄国这个例子(为此俄国在日俄战争中付出了极大的代价)肯定了同样的结局必然会发生,正如德国之于胶州湾、英国之于威海卫,那些盗贼必将在彼此中间互盗。但托尔斯泰却不禁为此表示忧虑,他知道不久以后,中国人心中的暴力与战争思想将会觉醒起来,而他请求他们要抵抗这种思想。如果也被这种传染病征服了,他们必将面临着空前的劫难,尤其在人类至高无上的福利这个层面上,而不仅仅是在“西方最野蛮最愚昧的代表者德皇”所恐怖的灾祸层意义上。因为,一旦古老的中国消灭之后,它的真正的、大众的、和平的、勤勉的和实用的智慧,必将随之湮灭,而它本应从中国渐渐地遍布到全人类中间的。(表现了托尔斯泰对当时中国现状的担忧,表现了他对中国的关切。)托尔斯泰相信人类生活必有完全改变的一天;而在这种更替中他深信,中国将会居于最重要的地位,为东方各民族之首。面向世界上其他地方的人们指出一条导向真正的自由的“道”是亚洲的任务。

他尤其希望中国不要用立宪制代替君主制,不要用西方的方法作为榜样,不要建立国家军队,不要搞大工业化!他知道欧洲是整个文明的破产的一个先例,把欧洲作为前车之鉴,它的现实如地狱一般残酷,可怜的无产者,无休止的阶级斗争,无止境的军备竞赛,他们在殖民地的抢夺政策!——是的!这些都是不该做的事情的先例。在它面前只有一条路可以走:便是对于它的和其他一切政府的绝对的不抵抗。中国当然也不能长久保持它的现状,甘心忍受各种暴行的侵犯,它需要的只是勤勤恳恳地继续耕它的田,服从神的命令!在这四万万人的英雄般的清明的无抵抗主义面前亚洲将降服。平和地在田野中耕作,行事依从中国的三教:儒家,教导人摆脱暴力;道教,教人“已所不欲,勿施于人”;佛教,教导人“不做自己不愿意做的事”。所有的智慧与幸福的秘密就在这里了。(表达了托尔斯泰对中国的建议,这些建议虽然不一定都是对的,但是却能够感受到他的友善。)

听了托尔斯泰的忠告,让我们来看看如今的中国:第一,辜鸿铭,他的博学的通讯者,似乎并未如何领悟,因为在他身上狭隘的传统思想的影响十分巨大,他提出了一种试图拯救现代这个疯狂的世界的万能药,只是绝对忠诚地拥护过去造成的法统。——但我们不能够依据表面的波浪去推测无边无际的大海。虽然这样那样的党争与革命不断地兴起又销声匿迹,令人一时不曾想到中国圣贤的几千年的传统思想与托尔斯泰的思想是那样的一致,然而谁都能看到中华民族的传统思想与托尔斯泰的思想是十分相近的。(证明了中国传统思想和托尔斯泰的思想极其相近。)

因为日本人有着旺盛的生命力和对于所有新奇事物的好奇心,所以他们在全亚洲是和托尔斯泰最早产生联系的民族 (1890 年前后)。托尔斯泰却来了怀疑的态度,这点和他对待中国人正相反,他尤其怀疑他们是否应当容许欧洲文明的渗透和学会这种文明,他还怀疑他们的国家主义与对战争的执着。我们不能说他的怀疑是毫无根据的:因为在与他们密切的通信联系中他多次遭到暗算。如自称是他的信徒,年轻的 Jokai, Didaitschoolu 日报主笔,他自称为折中派,把他的主义与爱国情操结合起来,在 1904 年日俄战争爆发后竟公然指责托尔斯泰。另一个青年田村则更令人失望，他在读了托尔斯泰的一篇关于日俄战争的文章后感动得流下眼泪，全身颤抖着大声疾呼“托尔斯泰是这个世界上唯一的预言家”。而在几星期之后，当他得知日本海军在马岛击败了俄国舰队的时候，他又卷入了爱国的狂潮中，而且还写了一部没有意义的攻击托尔斯泰的书。（在托尔斯泰对于日俄战争的预言中，日本也不乏有人被他的预言所感动，但最终爱国热情还是让他们选择了另一条道路。）

更为坚定和真诚的是那些日本的社会民主党，那些反对战争的英雄的斗争者，但他们与托尔斯泰的思想距离仍然很远，1904 年 9 月他们致信托尔斯泰；在回信中托尔斯泰感谢了他们的盛情，但他表示不但厌恶战争，更厌恶社会主义。

但是不管怎样，托尔斯泰的精神已渗透了日本的每个角落并在这里生根发芽了。1908 年，托尔斯泰八十寿辰时，他的俄国朋友为了发行一部纪念册向全世界托尔斯泰的朋友征文，加藤寄去一篇介绍托尔斯泰在日本的影响的论文。在日本他的大部分宗教作品都被翻译成了日文，据加藤说，这些作品在 1902 年至 1903 年间，一种精神革命产生了，且由此发生了佛教刷新的运动。不仅日本的基督徒是这样，连日本的佛教徒也是如此，宗教本是外界的律令，是一种既定的规则。从那时起它才具有内心的意义。（展现了托尔斯泰在日本的巨大影响力，他的作品在日本也是很受欢迎的。）从此“宗教意识”成为了一个流行的名词。当然，这“自我”的觉醒也有危险，在许多时候它可以引人到达一个与牺牲和博爱精神相反的结局，——如引人进入自私的享乐和麻木中甚至绝望和自杀。在如此的热情与狂乱中，这容易震动的国家，总是把一切主义推向极端。但好几个研究托尔斯泰的团体就这样在西京附近成立了，他们宣传博爱的精神，耕田度日。就一般情形，可说日本人的内心世界，有很大一部分受了托尔斯泰的精神的影响。就在今天，一个“托尔斯泰社”还在日本发行了一种月刊，每期 70 面，影响很深，而且颇有意义。（证明了托尔斯泰的影响在日本一直延续到了现在，可见他深邃的思想魅力。）

年轻的德富健次郎，在这些日本信徒中是最可爱的一个典型，他也参加了 1908 年的祝寿纪念征文。1906 年初，在东京他写了一封充满激情的信给托尔斯泰。托尔斯泰立刻写了回信，但他还没等收到回信，便搭着一艘最近期出口的船去拜访他。他一句俄文也不懂，而且只懂得很少的英文。七月中旬他抵达亚斯纳亚，托尔斯泰以父亲一般的慈爱招待他住了五天。回到日本以后，每当回忆起这一星期里老人光辉四射的微笑，他都会激动万分，这件事他永远都不能忘记。

在1908年的祝寿纪念文中他又谈起这件事，以纯净的心灵倾诉着："我还依稀在这别后730天和相隔一万里的烟霭之中，看到他的微笑。"（表现出这位日本青年对托尔斯泰的怀念，由此看出他在日本巨大的影响力。）

"现在我和妻还有我们的爱犬生活在乡村的一座简陋的房屋中。我割着不停生长的野草种着蔬菜。也许这是我的天性使然，也许是这穷困的时代的缘故，使我的精力和时间完全消磨在割草中了……但我感到很幸福……只是个人太可怜了！只能在这种境况中舞文弄墨……"

在他的卑微却十分纯朴和幸福的生活上，在他的勤劳与智慧上，与其他参与祝寿纪念文集的所有托尔斯泰的信徒相比，这个日本青年都更能触及他的内心和实现他的理想。

回教徒在俄罗斯帝国共有200万人，所以他处在俄国人的地位上，托尔斯泰有许多认识他们的机会。而在他的通信对象中他们也占据了重要的地位。（介绍了在俄国回教徒的情况，为后文做出铺垫。）但这种通信在1901年前，还较少见。就在那年春天，托尔斯泰被开除教籍，而他的《致神圣宗教会议书》感动了他们。对于回教徒们，这些卓越而坚决的言辞不异于古犹太先知爱里升天时的遗言。不管是俄罗斯的巴什琪尔人，或是印度的回教僧侣，还是君士坦丁堡的回教徒都写信给他，说他们"快乐得以至于流泪"，当他们读到他对整个基督教斥责式的宣言时，他们祝贺他摆脱了"三位一体的黑暗的信仰"的束缚。他们把他当作"弟兄"，竭力劝他改换宗教。一个单纯的印度回教徒，告诉他说一个新的救世主（他叫哈兹拉特·米尔扎·古拉姆·阿赫迈德）在克什米尔刚刚发现了耶酥的坟墓，基督"复活"的谎言就这样被打破了，而且还给寄了一张声称是耶稣墓的照片给他，和所谓的新救世主的肖像给他。（表现了大家对于托尔斯泰的敬重和喜爱之情，大家都能够和他友好地相处。）

托尔斯泰对这些特殊的友谊报以平静的态度，觉得十分可爱，几乎没有讽刺或悲哀的表示，这让我们没有料想到。在此时没有看到托尔斯泰态度的人,不能知道他天性刚愎、涵养极好,他从来不放弃他好心的镇定与热情的心情。倒是与他通信的那些回教徒生气地斥责他为“中古时代的基督教偏见分子”。(表现了回教徒对托尔斯泰的不满,这种不满是与宗教意识有关的。)因为托尔斯泰不承认那个新的回教救世主,便有人百般威吓他,说与这位圣人将分享着真理的光辉的人可以为三类:“……有些人因为他们自己的理智而受到的。有些人因为有形的信号与奇迹而受到的。第三种人因为剑的力量而受到的。(例如法老,被摩西逼得要喝干了红海的水才能够信仰上帝)先知应该教导全人类,因为他是上帝所派来的……”

托尔斯泰对付他的富有挑战性的通讯者从不抱着斗争的态度。他的永恒的原则是应该注意各种宗教之间的沟通。不管何人受了真理,都不能把各种宗教的不同与缺点作为基准。——“对于一切宗教特别是对于回教,我尽力抱着这种态度。”——关于那个暴躁的回教僧人,他只答道:“一个人如果具有真正宗教情怀,他的责任便是以身作则,实践道德。”(表现出了托尔斯泰在回应回教徒时所表现出的宽容和大度,他始终坚持真理为上。)这便是我们所必需的。他佩服穆罕默德,也佩服他的一些言论。正如基督一样,穆罕默德仅仅是一个人。抛弃了对于一个人或一部书的盲目信仰才能使穆罕默德主义和基督主义成为正当的宗教,只要他们肯一切符合全人类的良心与理智的东西。——就在以恰当的形式包容他的思想的同时,托尔斯泰也时刻注意着永远与他相对的信仰的冲突:“如果我得罪你,请你原谅我。我们要是说真理,就应当说全部的真理,而不能说一半。”(表现出托尔斯泰的礼貌,但是对于真理他始终坚持着,没有妥协的可能。)

但他丝毫不能说服质问他的人这就不必再提了。

起码,他遇到的其他回教徒是明白的、自由的,他对他们表示深切的同情:比如说第一流中有埃及的大教士穆罕默德·阿卜杜勒,著名的宗教改革家,1904 年 4 月 8 日,他从开罗写信给他,祝贺他被削除教籍,因为这是神明报答贤圣之士的方式。他说托尔斯泰以柔和的光芒把所有探求真理的人汇聚在一起,他们永远期待着他的作品。托尔斯泰做了真诚的答复。接着他又受到波斯驻君士坦丁堡大使米尔扎·里扎·钱亲王(1901 年海牙和平会议波斯首席代表)的致礼。

但他一直和这派巴布主义运动人物保持来往,他受他的吸引最大。其中 1901 年神秘的加布里埃勒·塞西自埃及给他写过信，这是一个阿拉伯人，改信基督教以后转入波斯的巴布主义。塞西陈述了自己的主张。托尔斯泰于 1901 年 8 月 10 日在回信中说：长久以来他已对巴布主义产生了兴趣,他读了不少关于这方面的书籍;他认为它神秘的根据及其理论根本不重要,但他相信它们在东方可以成为重要的道德律:“迟早巴布主义将和基督教的无政府主义合而为一。”(表现出托尔斯泰对巴布主义的关注,从而看出他是一个先进思想的传递者。)他给一个曾寄来过一部巴布主义书的俄国人写信,说他确信“从现在开始,各种教派中产生的一切合乎情理的宗教箴规一定会获得胜利,无论婆罗门教也好,佛教、犹太教也罢,或者基督教都有可能”。在他眼中它们这些人的目标是“会合到合于普遍的人性间的单一的宗教”上去。——他十分高兴,当他得知巴布主义传入俄国影响了卡赞地方的鞑靼人时,他十分高兴,他邀请他们的头脑沃伊索夫到他家做客并与他交谈了许久,季谢夫曾做过这件事的记载(1909 年 2 月)。

一个叫阿卜杜拉·阿勒·迈蒙·苏赫拉瓦尔迪的加尔各答地方的法学家,在 1908 年底祝寿文集中,以回教国的名义,作了一篇称颂备至的纪念文。他称自己为尤吉,坦承自己的不抵抗主义与穆罕默德的思想并不矛盾;但“应当在真理的光辉中而不是在迷信的雾霭里理解《古兰经》”,就像托尔斯泰读《圣经》一样。他颂扬托尔斯泰是所有人的兄弟而不是超人,是神的光明、所有人的光明,而不仅仅是西方或东方的光明。之后他预言托尔斯泰的不抵抗主义与“印度先哲的思想结合之后,或许能够促使新救世主在我们的时代产生”。(表现出尤吉对托尔斯泰行为的肯定,他预言托尔斯泰是东方的光明。)

的确,在印度出现了托尔断泰所阐释的活跃着的人格的人。

在 19 世纪末、20 世纪初,印度处于一种完全警醒的状态中,除了一部分博学之士自以为与众隔绝只对他们的语言学醉心不已,而不以广泛传播自己的成果为任务以外，出乎欧洲人意料之外的是在 1830 年辉煌过的印度民族心魂会在 1900 年这样庄严伟大地开展，在精神领域中突然显现出勃勃生机。

无论在艺术上、思想上、科学上，都闪耀出灿烂的光辉。因为泰戈尔的存在，在这样一种精神的辉映下，全世界都闪烁着灿烂的光辉。（介绍了19世纪末20世纪初印度的思想状况，为托尔斯泰和甘地的来往埋下了伏笔。）与此同时，盖沙布·钱德尔·森将梵社改造为一种改革社会的手段，经历过雅利安社(1875)达耶难陀·娑罗室伐底时期的改革而产生的吠檀多派教义成为协调东方哲学与基督教思想的结合点。但两颗闪烁不灭光辉的巨星在印度的宗教界上是突然出现的——或是像印度人所说的隔了几个世纪而重新出现的——两个思想界的奇迹：一个是罗摩克里希纳(1836—1886)，他在崇敬中抓住了所有神明的形体；另一个是他的信徒辨喜(1863—1902)，其坚强毅力较他的宗师有过之而无不及，这样一个神 Gita 把他从疲惫已久的民众中唤醒了。

渊博的托尔斯泰显然是了解他们的，他早研究过达耶难陀的论文。而从1896年始，他已迷醉于辨喜的作品，品味着罗摩克里希纳的语录。1900年辨喜在漫游欧洲旅行的时候没能到亚斯纳亚·波利亚纳去，这对于人类来说真是一个大不幸。这两个欧亚二洲的伟大的宗教圣哲没能将自己的思想汇合真是一件无法挽回的遗憾。

托尔斯泰接过“爱之主”克里希纳的思想，就像印度的斯瓦米一般。在印度他像一个“圣者”，或是一个令许多人再生的哲人。（从中能够看出托尔斯泰对世界各国都是有所了解的，他一心只与那些在精神上和他产生共鸣的国度来往。）有一个敬奉托尔斯泰思想的人，他就是印度《新改革》杂志的经理戈帕尔·切蒂，在1908年的祝寿文集中他将托氏和出家的王子释迦牟尼相提并论；且说假使托尔斯泰出生地是印度，他就会被视为一个 Avtara(毗湿奴的化身)，要不是一个 Pu rusha(宇宙灵魂的化身)，甚至一个斯里·克里希纳。

但是不可逆转这是一定的历史的潮流，对于神的梦想使得托尔斯泰从苦行僧转移到辨喜或甘地领导的伟大的运动中去了。（承接上文，启示下文，起到了过渡的作用。）

命运这次来了个峰回路转！一个导引托尔斯泰到这方面去的是达斯，而后又辅佐印度圣雄，而这时正是反对托氏思想最猛烈的时候和去大马士革以前的圣保罗差不多，那我们就假想把他引入他的真正的使命的是托尔斯泰的呼声总还可以吧？——1908年年底，达斯还坚持革命。他给托尔斯泰写信，公然对托尔斯泰的不抵抗主义提出异议，对他的强烈的信心毫不隐瞒，但是他又要求他为他的报纸《自由印度斯坦》给以同情。托尔斯泰复了一封差不多是一篇论文一样的长信，《致一个印度人书》(1908年12月14日)在全世界流传开来。在这里，他的不抵抗主义与博爱主义又一次得到宣传，每一部分的论据都引用克里希纳的言论。此外他痛加抨击科学的新迷信和对于古代的宗教迷信。他责备印度人不应该盲从西方的错误而否认自己古代的智慧。（从中能够看出这次托尔斯泰的不抵抗主义是真正流传到印度去了，在这里不抵抗主义将要发挥它独特的魅力。）

他是这么说的，"我们可以梦想，达斯的科学偏见在这佛教与孔子主义的广大的世界内，不会有立足之地；而中国人、日本人，还有印度人，在暴力的宗教谎言之后，马上就会明白爱的概念，这种言论更是适合全人类的，是东方的大师对全世界的贡献。但另一种迷信——科学的迷信慢慢地代替宗教迷信挑战东方诸民族了，日本已向它屈服，摆布着它走向最悲惨的前途。在中国，还有印度，那些自封为民众领袖的人全被这种新的科学迷信所迷。（托尔斯泰的不抵抗主义传到了印度，在这里托尔斯泰将要施展他的才华，在思想上带领印度人们走出困境。）在你的报纸上你把你认为应当指导印度走向的基本原则提出来，就像这样：

"抵抗暴力势在必行，而且合乎情理；不抵抗对自私主义和利他主义都无益。

"……什么！本来你的宗教情绪是最深的，就跟你的整个民族一样居然相信了你的科学教育而把你的民族自远古以来即已主张的爱的律令通通抛弃，暴力的首领与真理势不两立，开始是神学的囚犯，然后就是科学的奴隶，——你竟一次一次地说不反感那些吗？你的欧罗巴老师，应把那些荒谬的言论感给你。

"你说是因为印度不以武力来抵抗暴行，所以英国人被印度制服？——但这完全是相反！正因为印度人曾经承认但现在还在承认武力是他们组织社会的根本原则，所以英国人被印度人制服。根据这个原则，他们必须服从他们各邦的君主；根据这个原则，他们向这些君主、欧洲人，更向英国人争斗……一家3万人的商务公司，并且是最无能的人竟然制服了一个2000万人的民族！这个事情说给一个没有成见的人听罢！他一定不能懂得这些话的含义……依据数字而论，这一论断岂是很确凿无疑的吗？然后制服印度人的不是英国人，肯定恰恰是印度人自己……（托尔斯泰用实例向印度人证明暴力是没有任何意义的，一定要采取策略取得成功。）

“既由于他们就生在暴力当中，目前还是依据暴力生活，所以暴力制服印度人，并且不认识符合人类的永恒的爱的规律。

“凡是追寻自己已经占有的所有的人，是愚昧而值得同情的！不知道包围着他们的，给予他们爱的福利的人是愚蠢而令人同情的！（克里希纳言）“只要人过着与爱的和谐的生活，这就是符合他的良心且包含不抵抗与不参加暴力的原则的。那么，就算数百万人也无法制服一个人，而不唯独是一百人无法制服数百万人。不参加邪恶，不加入行政司法，不缴税，特别是不参加军队！不要抵抗邪恶——那时，无论任何事物、无论任何人都无法制服你了！”

引申一段克里希纳的名言，用来结束这俄国指导印度的不抵抗主义宣言：“孩子们，把你们遮蔽的目光望着更加高远之处的崭新的世界罢。为‘我的智慧’所创造的，一个充满理智的世界，唯一的现实的世界。出现在你们面前的将是一个充满着爱的世界。那么，爱将赐与你们，爱向你们提出条件。”（增加了文章的文采，同时让我们感受到了托尔斯泰思想的深邃性。）

在南非洲约翰内斯堡，一位年轻的印度律师读过了托尔斯泰的书，被深深地打动了。1909年年底，托尔斯泰收到了这位名叫甘地的印度人的来信，信中讲述了十年来他在托尔斯泰的宗教精神感染下所做的努力。最后他提请托尔斯泰允许他把致达斯书译成印度文。当托尔斯泰读到这个译本时，立刻深切体会到巨大意义来自于这种宗教经验与社会实践相结合。（引出甘地，同时他的不抵抗政策也因此有了强有力的执行者。）甘地倡导的不抵抗运动对人类社会的意义得到了托尔斯泰的高度赞扬，并预祝他的战斗能力因此而成功。甘地在1910年5月8日收到了他在病中写给他的信，同年9月7日，病愈后在科特谢特又写了一封长信，虽然冗长，但我们想把它全文录出。不管怎样，在以后的岁月里它都全被称作是不抵抗主义的宣言，是他思想的遗言。这篇遗言在1914年刊登在了《印度评论》上，那本杂志专门研究南非洲和平抵抗运动。这封信的成功在于把人类的战争引入到了全新的策略领域，而《印度评论报》的成功也是不抵抗政策的第一个胜利。人们增强了信心，对于宗教的认可使他们接受了这种政策并期待着它完全获得成功。

正在这时，欧罗巴大战终于爆发了，一段时期内人们只知道杀戮，正是甘地的坚决为废墟里的人们再次站起提供了精神的帮助。他在一个更加崭新的高度上再次说出了托尔斯泰的名言，新时代的希望从此诞生了。（托尔斯泰的思想在印度得到了最大的传播，它也指引着印度人民走出了废墟，创造了新生活。）

罗曼·罗兰

1927年5月

名师课堂

阅读赏析

作者用了很大的篇幅来记述托尔斯泰的事迹，从中我们能够看出他对托尔斯泰的推崇。在他的叙述中，我们看到了一代伟大的文学家为世界所做出的卓越贡献，他的作品在全世界传播，而他的不抵抗主义也带领印度人民走出了废墟，他是这个时代的巨人，是值得我们学习，值得我们称颂的。

阅读思考

1.托尔斯泰发表了哪些重要的作品？又有哪些最终未能完成？

2.托尔斯泰有着怎样的宗教意识？

3.托尔斯泰的不抵抗思想在哪个国家得到了传播？又是谁

成了这个思想的践行者？

好词收藏

流光溢彩　争先恐后　出乎意料　不容置疑　一览无余

好句积累

☆他强大的力量并不在于思想本身，而是在于他所赋予思想的情态，在于艺术家的特质，在于个人的调子，在于他有一种生命的气息。

☆他亲吻爱抚一匹老马，希望它原谅他让它受苦。

阅读训练

一、填空题

1.《名人传》是________的作品，他是20世纪上半叶著名的________作家。

2. 列夫·托尔斯泰的著名长篇小说有__________、__________、__________等。

3.《名人传》主要写的人物是________、________、________。

4. ________是贝多芬作品中最为深刻和雄伟的，凝聚着音乐家毕生的心血。

5.《名人传》包括________、________、________三部传记。

二、选择题

1. 下列作品中，不属于作家罗曼·罗兰的是（　）。

A.《米开朗琪罗传》 B.《列夫·托尔斯泰传》

C.《安娜·卡列尼娜》

2. “我要扼住命运的咽喉，它绝不能使我屈服。”这句话是（　）在日记里写下的。

A. 贝多芬　B. 列夫·托尔斯泰　C. 米开朗琪罗

3. 在《名人传》中，（　）饱受耳聋的折磨。

A. 列夫·托尔斯泰　B. 贝多芬　C. 米开朗琪罗

4. 下列不是《名人传》别名的是（　）。

A.《巨人三传》　　B.《英雄传记》

C.《米开朗琪罗传》 D.《三大英雄传》

5.《名人传》的作者是（　）人。

A. 英国　B. 法国　C. 加拿大　D. 美国

三、判断题

1.《名人传》叙述了德国音乐家贝多芬、意大利画家和雕塑家米开朗琪罗、俄国作家列夫·托尔斯泰三位名人苦难和坎坷的一生，赞美了他们的崇高品格和顽强奋斗的精神。（ ）

2. 在1815年秋天，贝多芬的耳朵就完全听不见了。（ ）

3. 列夫·托尔斯泰是法国人。（ ）

4. 米开朗琪罗的梦想是将来成为一个类似于古希腊雕塑家的人。（ ）

5. 贝多芬13岁加入戏院乐队。（ ）

6. 米开朗琪罗的父亲是法官。（ ）

参考答案

一、填空题

1. 罗曼·罗兰　人道主义　2.《战争与和平》《安娜·卡列尼娜》《复活》　3. 贝多芬　米开朗琪罗　列夫·托尔斯泰　4.《第九交响曲》　5.《贝多芬传》《米开朗琪罗传》《托尔斯泰传》

二、选择题

1. C　2. A　3. B　4. C　5. B

三、判断题

1. √　2. √　3. ×　4. √　5. ×　6. √

读后感

读完《名人传》这本书，我的心灵被深深地震撼了。这本书主要写的是：音乐家贝多芬、雕塑家米开朗琪罗、作家列夫·托尔斯泰。他们在困难面前，从来没有放弃过。他们强大的生命力，使他们勇敢地与困难做斗争。

贝多芬出身贫寒，他很小便辍学了。他的一生坎坷不平，他孤独地活着，他的内心受到沉重的打击，可他还是坚强地生活着。就在他离成功越来越近时，灾难又一次降临，贝多芬的听觉逐渐地衰退，他的内脏也承受着剧烈的痛苦和折磨。虽然这位伟大的音乐家一直在痛苦中活着，但却创作了不朽的传世之作，而且大部分都是他耳聋后创作的。他最终战胜命运，战胜疾病，战胜痛苦，创造了生命的辉煌。贝多芬之所以能成功，是因为他不肯屈服于命运，他改变了命运，他的精神震惊了全世界。

米开朗琪罗从表面上看比贝多芬幸运得多，他不残疾，也不贫穷，他出生于佛罗伦萨的市民家庭，从小接受贵族教育，有很高的文化素养和艺术功底，但是他在精神上却比贝多芬受更多折磨，有更大压力。因为他的国家多灾多难，他眼看自己国家的土地被外族侵占却无能为力，他的作品毁于战乱，他受到别人的折磨。他没有自由，不得不依附教皇，为教皇做事。

列夫·托尔斯泰出生于富贵家庭，他有一个幸福美满的家庭，有很高的文学天赋。他曾经获得了成功，但他蔑视自己拥有的一切。他不肯享受生活，不肯虚度年华，他想通过造福人类来体现自己的生命价值。他弘扬了真正的基督精神。

看了这本书，我懂得了一个道理：有些事如果认真去做，可能难事就会变成易事；如果不去做，易事也可能变成难事。只要我们不屈服于命运，总有一天我们会改变命运。人生的幸福就产生在奋斗之中，命运是由自己掌握的。

图书在版编目(CIP)数据

名人传/(法)罗曼·罗兰著;徐宗平编译.—呼和浩特:内蒙古人民出版社,2016.3

(大视野阅读/周泽刚主编)

ISBN 978-7-204-13909-5

Ⅰ.①名… Ⅱ.①罗… ②徐… Ⅲ.①贝多芬,L.V.(1770~1827)—传记②米开朗基罗,B.(1475~1564)—传记③托尔斯泰,L.N.(1828~1910)—传记 Ⅳ.①Z228.1

中国版本图书馆CIP数据核字(2016)第043295号

名人传

作　　者　[法]罗曼·罗兰
编　　译　徐宗平
责任编辑　李　鑫
出版发行　内蒙古人民出版社
地　　址　呼和浩特市新城区中山东路8号波士名人国际B座5楼
印　　刷　武汉安捷印刷有限公司
开　　本　170mm × 240mm　1/16
印　　张　12
字　　数　200千字
版　　次　2016年5月第1版
印　　次　2018年8月第1次印刷
印　　数　10000册
书　　号　ISBN 978-7-204-13909-5/I·2681
定　　价　25.80元

如出现印装质量问题,请与我社联系。联系电话:(0471)3946120
网址:http://www.nmgrmcbs.com